航运金融学

谢兰兰 李梦驰 唐宋元 主编
黎海珊 查伟伟 吴 俊 黄 方 副主编

中国财经出版传媒集团
中国财政经济出版社
·北京·

图书在版编目（CIP）数据

航运金融学／谢兰兰，李梦驰，唐宋元主编．
北京：中国财政经济出版社，2024.8（2025.7重印）-- ISBN 978 - 7 - 5223 - 2793 - 8

Ⅰ.F550

中国国家版本馆 CIP 数据核字第 2024RS1992 号

责任编辑：张怡然　　　　　责任印制：张　健
封面设计：陈宇琰　　　　　责任校对：胡永立

航运金融学
HANGYUN JINRONG XUE

中国财政经济出版社 出版

URL：http：//www.cfeph.cn
E - mail：cfeph@ cfeph.cn

（版权所有　翻印必究）

社址：北京市海淀区阜成路甲 28 号　邮政编码：100142
营销中心电话：010 - 88191522
天猫网店：中国财政经济出版社旗舰店
网址：https：//zgczjjcbs.tmall.com
涿州汇美亿浓印刷有限公司印刷　各地新华书店经销
成品尺寸：170mm×240mm　16 开　13 印张　206 000 字
2024 年 8 月第 1 版　2025 年 7 月河北第 2 次印刷
定价：42.00 元
ISBN 978 - 7 - 5223 - 2793 - 8
（图书出现印装问题，本社负责调换，电话：010 - 88190548）
本社图书质量投诉电话：010 - 88190744
打击盗版举报热线：010 - 88191661　QQ：2242791300

前　言

航运业是物流业的重要组成部分，是以海运方式为主体提供货物物流运输服务以及为物流提供相关综合服务的产业体系，在现代货物运输中具有不可替代的地位。航运业具有高金融属性，无论是航运企业生产和经营，还是航运业周期性波动，都会导致航运业高度依赖金融业。经过几十年的高速发展，随着国际航运中心的建设取得突出成就，航运金融学理论与实践也得到了极大的深化与丰富。船舶登记制度、航运金融市场结构、航运权益融资与债券融资出现新的发展趋势，航运保险、船舶投资变得日益复杂，航运互联网、航运金融衍生品、绿色金融以及金融科技方面取得重大创新与突破，世界范围内新的航运金融法律框架快速崛起，都要求航运金融学理论内涵与时俱进并不断深化。

未来，中国在航运金融中的地位将更加显著。为了适应航运金融业新形势的发展，满足市场对航运金融业人才的需求，在编写过程中，教材注重体现科学性、先进性、启发性、实用性和适用性特色，以全面提高学生科学素养为核心，力争成为反映本国航运金融业发展的一本有价值的工具书。

本书可以作为交通运输类专业、金融类专业教材，适合从事航运金融产业研究、航运管理领域研究的相关人员阅读，同时也可以作为航运金融相关行业从业人员决策、管理和研究的参考书。本书共11章，由谢兰兰负责统筹，并撰写第1章、第4章、第11章的内容，李梦驰撰写第5章、第8章、第9章、第10章的内容，黎海珊撰写第6章、第7章的内容，查伟伟撰写第2章、第3章的内容。本书获唐宋元课题"广东省教育厅科研项目（"双碳"目标下广东航运业高质量发展）"资金支持。在本书的撰写过程中，唐宋元、吴俊以及黄方等提供了宝贵的意见和技术指导。本书也参考了业界和学界同仁的成果与文献,在此一并致敬谢忱!

由于编写者的认识和专业水平有限,不妥和错误之处在所难免,恳请读者提出宝贵意见。编者联系方式:gzxiell@163.com。

编者

2024 年 7 月

目录

第1章 导言 ... 1
1.1 航运的功能与特性 ... 1
1.2 航运与金融融合 ... 3
1.3 航运金融的发展现状 ... 9

第2章 航运金融市场 ... 13
2.1 航运金融市场结构 ... 13
2.2 航运金融市场运行模式 ... 17
2.3 航运金融市场风险 ... 23
2.4 全球重要航运金融市场 ... 26

第3章 航运企业债务融资 ... 35
3.1 主要的债务融资方式 ... 35
3.2 债务融资方式比较与选择 ... 42
3.3 船舶登记及船舶担保 ... 46
3.4 不同船舶登记制度下的船舶抵押 ... 48

第4章 航运企业权益融资 ... 51
4.1 主要的权益融资方式 ... 51
4.2 权益资金融资方式的优劣势比较 ... 63
4.3 选择权益融资方式通用方法 ... 64

  4.4 航运企业并购重组 ·· 65

  4.5 航运企业联营 ·· 68

第 5 章 船舶投资 ·· 73

  5.1 船舶价值评估 ·· 73

  5.2 新造船舶投资 ·· 79

  5.3 二手船投资 ··· 85

  5.4 航运资本市场 ·· 89

第 6 章 航运金融衍生品 ·· 94

  6.1 航运金融衍生品特点及类型 ·· 95

  6.2 航运金融衍生品构成要素 ··· 96

  6.3 航运金融衍生品交易 ·· 98

  6.4 国际与国内航运金融衍生品市场 ·· 100

第 7 章 航运保险 ·· 103

  7.1 航运保险的特点与类型 ··· 104

  7.2 航运再保险与巨灾保险证券化 ··· 106

  7.3 国内外航运保险制度与模式 ·· 111

第 8 章 互联网+航运金融 ··· 113

  8.1 "互联网+航运金融"的特点与类型 ······································· 113

  8.2 "互联网+航运金融"的主要业务 ·· 117

  8.3 "互联网+航运金融企业"及平台 ·· 121

  8.4 "互联网+航运金融监管"及服务模式 ···································· 128

第 9 章 绿色航运金融 ··· 132

  9.1 绿色航运金融的特点与类型 ·· 133

  9.2 航运业与碳排放交易体系 ·· 140

9.3 航运碳资产管理 …… 144

9.4 商业银行的碳金融服务 …… 149

第 10 章　航运金融科技 …… 155

10.1 航运金融科技的特征和类型 …… 156

10.2 航运金融科技的基础设施与核心要素 …… 166

10.3 航运金融服务领域科技创新实践 …… 170

10.4 金融科技背景下的航运金融监管 …… 172

第 11 章　航运金融法律框架 …… 176

11.1 希腊航运金融法律框架 …… 176

11.2 土耳其航运金融法律框架 …… 180

11.3 OECD 航运金融框架 …… 183

11.4 伊斯兰金融框架 …… 186

参考文献 …… 192

第 1 章 导 言

> **案例导入**

早在先秦时期,"海洋"一词就被广泛使用。《庄子·天下》记载:"海之北为北海,其南为南海,其东为黄海,其西为大海水。大海之外复有小海焉,其外又有小海焉。是故四海之广,不能尽述也。"在古人眼中海洋是一种神灵,海洋是一个神秘的世界,既有凶猛无比的怪物,也有令人向往的仙山。考古发现,大约3000万年前太平洋上的灵长类动物已经开始了最早的大西洋之旅,现代真正意义上的人类大约在80万年前首次在太平洋开始了海上之旅。6万年前晚期智人徒步穿越了阿拉伯半岛、伊朗、印度和中国后,乘坐近海船只南下到达巽他群岛,随后他们又行至大洋洲。世界上最早的船只手绘图案就是在大洋洲发现的,那些小船长2~8米,是掏空树干后借助石制工具制成的。

古人认为海洋是生命的摇篮,人的生命来自海洋,人类发展进步离不开海洋。"欲国家富强,不可置海洋于不顾,财富取之于海洋。"近代历史舞台上的世界大国,无一不是海洋强国。无论是15—16世纪的葡萄牙和西班牙,17—19世纪的英国,还是20世纪的美国,无不凭借海洋发展"蓝色经济",发展国际贸易,称霸全球。

1.1 航运的功能与特性

航运业是物流业的重要组成部分,其特点是以海运方式为主体提供货物物流运输服务以及为物流提供相关综合服务的产业体系。由于航运具有覆盖范围广、航道投资小、运输能力强、成本低、绿色环保、占地少的优势,在现代货物运输中具有不可替代的地位。按照航线的长短和航区范围的大小，航运可以进一步细分为国际海上货物运输和国内内河运输。前者是承运人按照海上货物航运合同，以航运船舶作为航运工具，将托运人托运的货物经由海路由一个港口运送至另一个港口的行为。后者主要是借助自然河流湖泊进行运输服务活动，由于其供应要受到内河基础设施条件的制约，因此内河运输服务只能在有条件的地区进行。外贸进出口货运量的 90% 以上通过国际海上货物运输完成，因此国际海上货物运输能否正常运转对全球产业链、供应链稳定具有重要意义。

通过航运让物质资料从供应者到需求者的物理性位移，是航运业的初始和核心功能，后来在货物运输过程中衍生出一系列航运服务功能，如储存、包装、商品检验、物流信息服务、加工制造等服务。现代航运业以满足消费者需求为目标，包括制造、运输、仓储、信息处理以及资金流运转等功能。

航运业在其运行过程中所表现出来的特征是多方面的，但最重要的特征如下。

1.1.1 高流动性

船舶在物理空间极具流动性，大多数船舶都能在世界范围内航行，只要通信条件足够好，航运企业可以在任何地点办公。因此，船舶所有人在利润最大化动机的驱动下，在全世界范围内选择运输成本最低、条件以及外生性的制度保障最好的区域进行船舶登记，实现最佳的资源配置。

1.1.2 高度国际化

在使用年限内，大部分船舶都在所属国家管辖区以外的公海航行，与全球的航运企业展开国际性竞争，同时船舶出售、船舶购买、船舶保险、航运收入以及航运贷款往往以美元计价，其他货币的计价较为罕见。在国际上，大部分航运业发生纠纷将据英国法律在伦敦仲裁。

1.1.3 高金融属性

航运业是资金密集型产业,无论是码头建设还是船舶购买,都需要大量资金,且投资时间较长。航运业很难依靠自身力量满足其投融资活动,需要通过多种融资渠道,选择最佳筹资方式。由于航运融资期限普遍较长,因此航运企业采用中长期抵押担保方式较多。

1.1.4 高风险性

航运业的国际化导致航运业容易受到经济、贸易发展形势、汇率、政治、突发事件等国际因素变动的影响。此外,航运行业具有明显的周期性,受航运市场周期性波动、国际大宗商品价格、运输供求关系、成本因素等多种因素影响,长期处于不稳定、不可预测的市场环境,导致航运企业收入以及资产价值波动较大,而且航运业对于政府的宏观经济调控政策比较敏感。这些决定了航运业内在的风险较大,对于风险控制具有较高的要求。

1.2 航运与金融融合

1.2.1 航运与金融融合发展历程

航运业在发展历程中与金融一直保持着天然的联系,航运业的生产和发展离不开金融业的支持,现代金融的产生,与航运业有着密不可分的联系。航运与金融业的融合经历了三个阶段。

1.2.1.1 萌芽阶段

航运与金融的最早融合始于古希腊。古希腊国土主要分布在山谷和海岛上,土地资源并不丰富,海岸线绵延曲折,发展农业经济没有优势,但发展海运得天独厚，公元前八世纪时希腊造船业已经十分发达。当时，战争导致希腊民不聊生，为了生存，希腊人架起木舟，在海上进行小规模的贸易往来。但许多从事海上贸易的商人拥有的现金根本不足以进行一次航海，或者由于海上贸易风险较大，商人一旦遭到损失资金链断裂就无法继续进行商业活动了。为了获得启动资金进行航行，最原始的航运借贷就产生了。这种借贷是商人以船上货物或者船舶作为抵押物，向货币的持有人贷款。贷款时间一般从商人开始借款一直到整个航程结束，等到商人的船舶安全到达目的地港口后，商人就开始销售货物赚取资金，然后偿还贷款的本金和利息。这种借贷制度利率较低，与现代借贷不同的是，风险全部要由商人承担。古希腊海事贷款不仅为商人提供航行资金，还可以分担贸易者的风险，因此极大地推动了古希腊海运事业的发展。同时航运贷款亦在古希腊有着举足轻重的地位，被古希腊人民广泛使用，直到18世纪中叶才慢慢淡出历史的舞台。

航运贷款在长达20多个世纪的发展中，亦发生了部分变化，特别在14世纪前后，威尼斯航运借贷打开了新的篇章。当时威尼斯是意大利最繁忙的港口城市，是整个地中海最著名的集商业贸易、旅游于一身的水上都市。这一时期随着造船业的发展以及航海知识的完善，海上贸易的风险已经极大地降低了。威尼斯航运借贷最重要的特点是更加强调债权人与债务人共同承担贸易风险，贷款的利息相对较高。

1.2.1.2 航运金融形成阶段

航运业与金融业的真正结合起源于英国。17世纪中叶英国逐步发展成为世界贸易中心，这给英国商人开展世界海上保险业务提供了有利条件。1688年英国商人劳埃德在泰晤士河畔塔街所开设的咖啡馆吸引了大批贸易商人、船主、航运经纪人、保险人在此交换信息、接洽航运和保险业务，后来该咖啡馆逐渐成为伦敦海上保险业集中活动的总会。1691年，劳埃德咖啡馆迁至伦巴第街，成为船舶、货物和海上保险交易中心。1720年经英国女王特许，伦敦保险公司和英国皇家交易保险公司成立，专营海上保险，规定其他公司或合伙组织不得经营海上保险业务。

1744年前后，伦敦有一个名为维吉尼亚－马里兰的咖啡馆，同样因商人和船东在每周一上午在这里围绕波罗的海沿岸海运拟定运输合同、解决纠纷等商业行为而闻名，其中参会人员大多数为动物油脂、油料、亚麻制品、大麻和种子贸易商。1823年由资格较老、地位较高的23个商人们成立了正式委员会，并制定了相应的规章制度以及入会手续。这就是现在世界航运业最重要的交易市场——波罗的海交易所的雏形。

总之，伦敦港充分依托其城市经济和航运优势逐步建立起劳埃德保险中心和波罗的海航运交易所，让航运业与金融服务业紧密结合在一起，极大地推动了英国航运业、国际贸易的快速发展。19世纪初，英国海军在世界海域内的无可匹敌，英国船队满载着英国的钢铁、煤炭以及出口国外的曼彻斯特纺织品驶向世界各地。全球贸易条款由伦敦劳埃德海运保险和银行财团制定，全球其他地区的制造业者不得不接受这些条款。对于世界上大部分海运贸易来说，伦敦银行的信用证以及现钞兑换是贸易实现的必要条件。

1.2.1.3 航运金融高速发展阶段

在随后仅300年中，伴随着世界航运产业和金融产业的发展，国际航运金融建设不断加快，先后成立了伦敦、纽约、东京、新加坡等提供高、中、低不同层次金融服务的国际航运金融服务中心。这些国际航运金融中心均具有全球资源配置能力，其中伦敦和纽约主要定位于高端服务，以全球航运信息为基础，提供全球性的航运交易信息、船舶管理服务与金融保险服务，对全球航运金融服务起着主导性的影响。东京依托世界主要的造船基地，以金融资本为基础，发展以造船、船舶融资为主的金融服务。新加坡主要借助航运中转贸易，以吸引买方资金为基础，建立新型的"转口金融"平台，提供优质的转口航运金融服务。随着世界航运中心的东移，作为高端产业的航运金融已成为竞争的"主战场"，东京和新加坡在全球航运金融中的影响力越来越大。

这个阶段的航运金融发展特点在于制度建设以及全球规模化发展。国际航运金融中心在实践中逐渐确定了较为明确的航运金融运行制度，形成了以金融机构为主体、多种信用形式相配合、政府机构参与和调节完备的航运金融模式。航运金融的主体范围由简单的航运相关企业扩展至包含政府在内的航运活动参与者，航运金融的覆盖范围也逐步拓展至融资、投资、信托、保险等金融服务范围。随着航运金融市场体系的日益完善，航运融资规模不断扩大，航运保险稳步发展，航运衍生品推陈出新，航运跨境资金结算的便利度不断提升，为航运金融的爆炸式增长创造了更有利的条件。

1.2.2 航运与金融融合的必要性、模式、特点

1.2.2.1 融合的必要性

航运业高金融属性表明，无论航运企业生产和经营，还是航运业周期性波动，都会导致航运业高度依赖于金融业。航运业也对金融业有强烈的吸引力，航运为金融产品的运用提供了实现场景，为金融建设提供了实体支撑。航运业投资所需资金巨大，金融机构介入航运业可实现范围金融获得高额收益。航运业和金融业的相互融合不是偶然现象，金融的跨时间性和跨空间性与航运业防控风险、优化资源配置的需求天然契合。金融业和航运相辅相成、相互赋能、相互渗透、相互交叉，为推进航运业和金融业高质量发展奠定坚实基础。纵观全球，全球金融中心往往也是全球航运中心，新加坡、伦敦、中国香港和纽约等莫不如此。

1.2.2.2 融合模式

航运与金融融合是航运和金融产业相互渗透、相互交叉，最终融合为一体，形成新产业航运金融的动态发展过程。金融业具有较强的产业渗透力和关联度，几乎可以和任何产业联系，而航运业是一个高度复合型的产业，涉及交通、物流、国际贸易等多个行业，同时与金融业也有密切联系，因此航运与金融融合是可行的，两者的融合先从产品和业务的渗透开始，再到市场的融合，最终形成新的产业——航运金融实践和理论。具体的融合模式有三种。

（1）渗透型融合模式

根据渗透的方向，金融业与航运业的渗透型融合模式可以分为两种：金融业向航运业渗透融合模式和航运业向金融业渗透融合模式。前者如金融机构逐渐介入航运业务以及航运市场领域，后者如航运业进入证券市场。

（2）延伸型融合模式

航运与金融产业链横向拓展，促进航运业向高端服务业全方位的延伸和渗透，金融、法律、管理、培训、保险、设计、客户服务、技术创新、贮存等服

务在航运业的比重和作用日趋加大,同样促进金融业向航运业全方位的延伸和渗透,推动国际结算、外汇理财、贸易融资等金融行为升级。

(3) 创新型融合模式

通过两个产业重组有机地融合在一起,重点在航运物流、金融服务的创新领域进行深化合作,产生新兴的生态产业。例如,发展创新绿色船舶租赁产品,助力航运企业绿色低成本可持续发展;又如进行航运金融衍生品体系建设,丰富航运金融产品、加快开发航运运价指数衍生品,助力航运业防控风险和金融业高质量发展。

1.2.2.3 融合特点

(1) 航运与金融机构组织之间的边界开始模糊和消失

产业融合打破了传统产业的技术边界、业务边界、市场边界、运作边界,同时也打破了区域边界,实现了两个产业间功能的互补和延伸。两个或多个产业之间形成了共同的技术和市场基础,最后达到产业融合的实现过程。

(2) 推动航运与金融转型升级

航运业与金融业融合可以使航运业转换到高端航运服务中,并经过产业融合和产业创新的连锁反应,深刻地改变了航运产业的产业属性,航运产业结构得以转换和升级,由资本与劳动密集向信息、知识和技术密集型产业转变。

(3) 提升航运与金融行业竞争力

航运业与金融业相互渗透和交叉,相互协作发挥出更大的溢出效应,且两产业融合使原本分立的产业价值链部分或全部实现了融合,新的价值链环节融合了两个或多个产业的价值,与原航运业和金融业相比,融合型新兴产业具有更高的附加值与更大的利润空间,这可有效提高航运与金融业的生产效率和竞争力。

1.2.3 航运金融

1.2.3.1 航运金融的概念

航运金融通常指航运企业运作过程中产生的融资、保险、货币保管、兑换、结算和融通等经济活动以及与此相关的一系列业务的总称。这些业务可以解决航运资金融通、航运资源整合、航运价值放大等问题。航运金融是一个动态的概念，它的内涵随着金融工具、金融市场、金融业务活动、经济发展水平以及金融组织的变化而变化。

航运金融学是航运产业与金融产业的交叉学科，其本质是金融学，以航运为研究对象的金融学，主要研究航运金融市场与金融衍生品、航运产业投融资、航运企业风险管理、航运保险、与航运业务相联系的各种金融业务专题实践与理论，以及宏观经济通过金融对航运产业的影响与发展。

1.2.3.2 航运金融主要的业务

（1）航运金融市场及投融资

航运金融市场是具有其自身体系结构与实践特色的市场，从事航运金融的主体航运企业、港口、造船厂、银行、保险公司、证券公司、商品及衍生业务的经销商、金融租赁公司等机构在航运市场进行船舶投资、从事权益或者和债务相关的融资行为，以弥补资金的不足或者获取最大化收益。

（2）航运风险管理

航运产业风险性高，通过识别和评估风险，进行有效的风险管理降低其风险，且许多风险可以通过航运保险，以及航运衍生工具进行补偿，降低市场走势或经济波动等风险带来的各种负面影响，规避海运价格波动等风险。当今世界，航运业越来越重视航运金融市场上航运保险以及航运衍生品工具，管理企业金融风险。

（3）金融业务专题

赋能航运金融绿色转型、推动互联网与航运金融深度融合、航运金融科技化，是行业发展的三大趋势。科技化、数字化以及绿色化创新发展将成为航运金融业发展的必由之路，是航运金融发展的重要发展方向，航运金融企业应该为全球经济和贸易的发展提供高效、便捷、绿色、可持续发展的航运金融解决方案。

（4）宏观政策

交通是兴国之要，强国之基。经济要强，必然需要交通强国，海运强国。但航运业的发展受到体制、政策等因素的影响较大，宏观政策在调整航运经济和金融业都起着重要的作用。但宏观政策对航运金融行业的调节是一个复杂的过程，是多项政策协调作用的结果，而不是单一政策工具就可以实现的。

1.3 航运金融的发展现状

截至2021年年底，随着全球化进程的不断加速和经济形势的不断变化，航运金融业作为支撑全球航运产业和物流业的重要产业，全球市场对船舶融资业务和船舶证券化业务已超过万亿美元，吸引了大量金融机构涌入。目前全球范围内，航运金融市场主要集中在北欧、英国、美国和东南亚地区。随着市场竞争加剧，航运金融企业开始积极探索多元化和专业化的发展路径，基于信息技术的发展和绿色环保需求，科技创新和绿色发展已经成为航运金融业的重大动力。从航运金融国内国际现状来看，两者发展程度并不一致。

1.3.1 航运金融国外发展现状

欧美等国外发达国家的资本市场已日趋成熟，是金融市场的重要的组成部分，航运金融的发展也比较完善。

1.3.1.1 形成以英国为核心的航运金融基本运行规则

百年来航运业基本是按照西方国家体系和规则建立行业秩序，且航运金融作为一个成熟而专业性很强的市场，欧资银行一直是航运业长期以来主要的参与者，因此航运金融市场规则是以西方发达国家和西方主导的国际经济组织制定的，解释体系是英美法体系。这些运行规则的最基本原则是保障跨国公司和相关西方资本财团的利益最大化。英国、美国等几个发达国家在国际航运的资本和制定权方面占有导地位。例如，由于英国航运法律历史悠久，即使船舶不接近英国港口、航运合同签约方与英国无关，均会选择英国法律和英国仲裁。再如，国际航运金融衍生品基本与美元挂钩，导致以美元为标志的国际金融体系的控制，全球性国际航运中心作为国际航运中心体系中的"最高层次"，不仅体现出它们在航运中心的高端定位，更体现出它们对全球航运业的实质控制能力最强，资源配置能力和结算能力优越，综合效率同样最高。

1.3.1.2 航运金融业务聚集度高

全球航运金融业务高度聚集在国际航运中心城市，主要包括发达的海上保险、资金的结算体系和衍生服务，综合的资源配置功能和结算能力已经代替货物吞吐量成为衡量航运能力的重要指标。这些航运中心拥有世界上最完备的航运融资、海事保险、海事仲裁等服务体系，全球船舶融资93%以上的业务以及海上保险90%业务份额集聚于国际航运中心，全球主要航运结算业务由挪威期货期权结算所、纽约商品交易所和伦敦结算所三家把持。

1.3.1.3 航运金融业务创新性较高

伴随着科技的发展，航运金融业涌现出来新的运营模式和新布局，国际航运金融在金融服务航运结算的便利化、绿色金融和绿色航运的融合，以及金融航运期货的深度和广度方面不断进行创新，航运金融环境不断优化，服务水平不断提高，服务领域不断拓宽。

1.3.1.4 航运金融发展普遍依赖政府政策

航运金融受国家政策影响较大，除英国和美国航运金融市场是早期自然形成外，其他国家航运金融的兴起和繁荣都得益于政府主导，如以韩国KEIC、新加坡MFI为典型的政府扶持模式就取得了较好的效果。由于社会体制的区别，各国的航运金融政策千差万别，但无一不是围绕着加强本国航运金融在本国甚至在全球市场上的占有率而制定的。不同时期、不同国际和国内环境下，各国航运政策是存在差异的。

1.3.2 航运金融国内发展现状

1.3.2.1 航运金融发展迅速

中国航运金融起步较晚，但经过近三十年发展，呈现出稳步发展、发展潜力巨大等特点，逐渐形成了以上海为引领的，航运与金融高度融合、相互支撑的航运市场体系，尤其是上海实现航运金融领域多个首创性突破，除了供港口建设、船舶制造的银行贷款主要业务以外，在船舶融资租赁、保险服务、清算服务、航运衍生品、资金结算等方面亦稳步发展。

1.3.2.2 航运金融面临重大发展机遇

近年来中国航运产业的快速发展，正在为世界经济提供稳定动力。世界港口吞吐量、集装箱吞吐量排名前十位的港口中，中国分别占八席和七席，中国港口货物吞吐量和集装箱吞吐量已连续多年位居世界第一。航运的发展为航运金融实现提供了应用场景。近年来中国不断出台航运金融方面的政策和法律法规，明确提出积极稳妥发展航运金融服务和多种融资方式，给中国航运金融的发展创造了机会。

1.3.2.3 国内航运金融机构国际化程度不高

欧资银行一直是航运业长期以来的主要参与者，但随着中资金融机构的发展和实力的增强，必然会有越来越多的中资金融机构参与到航运金融市场中。目前，上海国际航运金融中心的建设集聚了大量的国内外投资银行，世界著名的船舶融资银行也纷纷落户上海，但我国本土的银行在国际航运市场中的作用明显较弱，在全球十大航运银行贷款中看不到一家中资银行。

1.3.2.4 我国银行在航运金融方面的专业性不强

中国金融机构目前的专业水平较低，与船舶经纪人、船级社等专业机构的合作较少，因而在进行公司融资时，只能依据一般企业的贷款规则，不能针对航运、造船业的特点设计有效的金融贷款工具，因此难以防范船舶融资项目中的技术、市场和财务风险。同时，相关的金融服务机构对于船舶估价、船舶评估、船舶检验、船舶登记等专业性环节知之甚少，航运金融的技术和服务能力远远落后于国外银行。

总之，航运金融业务既影响着国际航运市场，也作用于全球金融市场，影响范围广、程度深。研究航运金融，不仅对推动航运金融体系的建立，而且对推动航运金融实践具有重要意义。

思考与练习

1. 请简述航运金融发展历程。
2. 请简述航运金融的概念和特性。
3. 请简述航运金融融合的模式。
4. 请简述航运金融融合的特点。
5. 请简述航运金融主要的业务。
6. 请简述航运金融在国内和国外的发展现状。

第 2 章 航运金融市场

> **案例导入**
>
> 2019年6月18日，由落基山研究所（Rocky Mountain Institute）、全球海事论坛（Global Maritime Forum）和伦敦大学学院能源研究所（UCL Energy Institute）联合发起，11家银行作为第一批实践者，共同签署了"波塞冬原则"（Poseidon Principles）行业框架。该框架旨在让融资部门在发放新贷款时侧重支持环境友好型远洋船舶，以共同助力2050年温室气体（GHG）排放量减少50%目标的实现。这是全球金融行业参与温室气体减排推行的首个准则。
>
> 根据"波塞冬原则"，11家大型银行将首次把气候因素纳入鼓励海运脱碳的贷款决策中，以期通过新原则促进绿色环保航运。这11家银行包括花旗银行、法国兴业银行、DNB、ABN Amro、阿姆斯特丹贸易银行、法国农业信贷银行东方汇理投行、丹麦船舶融资银行、丹斯克银行、德国交通信贷银行、荷兰国际集团和北欧联合银行，约占全球船舶融资总份额的20%（约1000亿美元）。

2.1 航运金融市场结构

航运金融在国际金融市场中具有举足轻重的地位，对国际航运市场的发展有着重要影响。广义的航运金融是指基于"航运资源资本化、航运资产资本化、航运未来收益及产权资本化"原则，以航运业为平台，航运产业、金融产业、政府等进行融资、投资、金融服务等经济活动而产生的一系列与此相关业务总称。狭义的航运金融是航运企业、港口、造船厂、银行、保险公司、证券公司、商品及衍生业务的经销商、金融租赁公司等机构从事融资、保险、资金结算、航运价格衍生产品等。这些业务可以解决航运资金融通、航运资源整合、航运价值放大。

航运金融市场是一个涉及多方参与的航运金融关系的总和，它包括买卖双方、中介机构、法律制度和基础设施等。航运金融市场的主要功能是促进航运金融相关商品和服务的交换，从而在社会中分配资源。一个完善的航运金融市场有诸多参与者，不仅有航运企业、港口、物流公司等对航运金融产品有需求的市场主体，还有各种类型的航运融资银行、航运出口信贷机构、航运交易活跃的证券交易所、航运私募基金等航运资金的供给方。

2.1.1　航运金融市场类型

研究认为，航运企业的金融需求一般可概括为融资需求、保险需求、资金结算和价格对冲需求，并由此衍生出航运融资、航运保险、航运结算、航运衍生品四大航运金融服务市场。

2.1.1.1　船舶融资市场

融资市场就是当事人通过各种方式到金融市场上筹措或贷放资金的市场关系总和。船舶融资包括在建船舶的融资和二手船只的融资。航运业是资本密集型行业，具有投资金额大、风险高、回收期限长的特点，仅靠航运企业的自有资金很难实现合理的发展，需要借助一些外力来弥补资金的需求。船舶融资市场就是对航运企业构建船只过程中发生的资金融通行为的关系的总和。

2.1.1.2　航运保险市场

航运保险市场是指为船舶、货物以及相关利益人提供保险服务的市场。航运保险作为航运金融的重要支撑，是推动国际金融和国际航运发展的重要动力。航运保险在我国又称水险，主要包括船舶险、货运险和保赔保险。货运险针对船上所运输的各类货物，船舶险以各类船舶本身为保险标的。这两个险种主要由商业保险公司经营。保赔险是由保赔协会承担的、一般海上保险人不予承保的一种保险。随着全球贸易的增长和航运业的发展，航运保险市场成为金融保险行业的重要组成部分。

2.1.1.3 航运结算市场

航运业天生具有"全球化"的属性,由于航运企业是在全球范围内开展业务,所以需要金融机构来为其进行货币保管、兑换、结算等业务,也就是资金结算业务,由此形成了资金结算市场。

2.1.1.4 航运衍生品市场

航运衍生品是指通过衍生工具对航运市场风险进行对冲和管理的金融产品。航运衍生品市场是指以航运市场为基础,通过金融衍生品进行风险管理和投资的市场。航运金融衍生品主要包括航运期货、航运期权、航运互换等。当前,航运衍生品主要是国际航运运价衍生品,如波罗的海运费指数期货(BIFFEX)、远期运价期货协议(FFA)和运费期权(freight options)。这些产品可以在一定程度上对航运市场的波动进行价格锁定,提供市场风险保障,为航运企业提供资金支持。

(1) 航运期货

航运期货是指以航运市场未来某一时点的价格作为标的物的期货合约。航运期货市场的交易者包括航运企业、投资者和套利者等。航运企业可以通过参与航运期货市场对未来的航运价格进行预测,从而降低市场风险。投资者则可以通过买卖航运期货合约获取市场收益。

(2) 航运期权

航运期权是指以航运市场未来某一时点的价格作为标的物的期权合约。航运期权包括看涨期权、看跌期权和备兑期权等。投资者可以通过购买航运期权合约获取市场收益,或者在期权到期时以事先约定的价格买入或卖出航运资产。

(3) 航运互换

航运互换是指两个航运企业之间就未来航运价格达成的一种协议。航运互换可以帮助航运企业降低市场风险,提高资产利用率。

航运金融衍生品市场作为金融创新领域的重要组成部分,为航运行业提供了新的发展机遇。通过衍生品市场的创新,企业可以管理航运风险,降低市场不确定性,提高航运资产的利用率,推动航运业的可持续发展。然而,航运金融衍生品市场也面临着一系列风险,也可能对航运企业及投资者造成严重损失。

2.1.2 航运金融市场的特征

航运金融市场的发展过程呈现以下特征。

（1）资金需求多样化

航运业是资金密集型产业，需要航运金融市场大规模的投融资。长时段的投资回收期，只有资本雄厚的金融集团才能与之匹配。同时，航运业包括了船东公司、船舶管理公司、船舶运营公司等多种类船企，还拥有船舶制造维护企业、仓储及物流企业、码头经营企业等配套企业，各种企业之间规模不同、发展方向有差异，对投融资需求也就各有不同。

（2）金融产品复杂化

航运金融离不开政策性银行、商业银行、证券公司、信托基金、融资租赁公司等多类金融机构，涉及外汇市场、股票市场、债券市场、保险市场及衍生工具市场等，融资形式包括贷款、贸易融资、融资租赁、债券发行、信托管理、公募股本等金融产品。

（3）航运产业金融化

首先，近年来，航运市场逐渐与金融市场融合，船舶、订单或运费指数都可以在金融市场自由买卖交易，各种金融机构也参与其中。其次，航运业对保险业需求由来已久，从以往的订单、船舶保险到现在的价格、合约保险，凸显的是完善的航运保险体系。最后，国际化的航运业务伴随资金的跨国流动，也就带来了巨大的跨国资金结算业务，国际航运发达的地区也是国际航运结算的中心。

（4）市场周期性强，风险较大

一方面，航运需求植根于全球贸易，容易受到国际市场周期性波动的影响，全球经济繁荣会有利于航运业的全面发展，而衰退则会严重打击航运相关产业。另一方面，航运业对成本具有较高的敏感性，燃油成本易受到国际油价的波动影响，导致航运金融具有较高的风险，也决定了航运金融机构和市场需要有较强的产品设计能力和风险管理能力。

2.2 航运金融市场运行模式

航运金融市场的运作模式，也就是航运金融运作的典型形式，是指航运市场主体在特定环境下通过有机协作采取的发展运营方式，而特定环境包括航运企业管理制度、经营机制、内部组织形式、经营方式、管理方式以及区域硬件基础设施和相关政策措施等的外部环境。航运金融的运作模式主要包括船舶融资、航运保险、资金结算和航运价格衍生产品四大类型的运作模式。

2.2.1 船舶融资运作模式

航运船舶融资（航运企业购建船只过程中发生的资金融通行为）方式虽然只是航运金融运作模式的一个分支，但却是其最重要、最基础的内容。船舶融资是航运企业发展的前提，是航运事业发展的基础，也是一切以航运为载体的经济发展的基石。因此，船舶融资方式的选择是至关重要的，影响到航运企业的运转和航运金融市场的发展。

（1）私募股权投资

通过发行基金吸收私人股权投资的模式被广泛应用到航运领域，如德国 KG 融资模式，许多航运金融公司如 KG 基金、昆塔纳（Quintana）、美国鹰牌干散货（Eagle Bulk）等公司都采用了私人股权投资模式。

德国 KG 融资模式是为某一项目提供私募股权的特殊融资方式。从募集资金的角度来看，发起人建立一家单一目的公司，并在私人投资者中分摊股权。该单一目的公司的法律组织形式为德国的有限合伙企业。KG 融资模式的结构由一名普通合伙人和一名或多名有限合伙人组成。为了限制已募集股权的整体风险敞口，会用一家有限公司作为德国 KG 融资模式的普通合伙人。KG 融资模式下的有限合伙人的私人投资者所面临的风险以他们的单独投资额为限。根据他们股权的比例，每个私人投资者参与 KG 融资的利润分配并承担损失。

KG 基金就是通过 KG 公司这种融资模式募集的基金，基金投入航运业

(包括新船的定购)就成了航运KG基金。它最初的宗旨是促进德国造船厂和航运业的增长,现已成为许多投资人(一般是经理人、企业家、律师等高收入个人)通过投资来获取回报的方式。KG基金就是国际上较为成功的一种运作模式。普通合伙人通常会投入少量的自有资金,然后通过募集方式吸引有限合伙人的资金,发起设立一家专门拥有新船的KG公司。通过自有资本的投入,再加上银行债权融资,获得新船;新船投入运营后获得的收益,在支付营运成本和偿付贷款本息后,可以发放红利。自KG基金发行以来,已取得了良好的业绩。仅在2003年,私人股份就吸引了价值23亿欧元的资金,加上银行的长期贷款,协调了总投资量约70亿欧元的投资,或相当于投资建造了150艘船舶。KG基金融资的特点在于股本金由第三方提供,船舶的最终使用人需投入的股本金很少,甚至是零。

(2)信托基金融资

信托基金也叫投资基金,是一种"利益共享、风险共担"的集合投资方式。2006年2月,由新加坡政府和新加坡海事基金会联合资助的海事金融优惠计划(MFI)出台,通过对航运信托基金给予免税支持,极大地吸引了潜在投资者的兴趣。仅仅3个月后,航运界首个信托基金——太平海运信托(Pacific Shipping Trust,简称PST)就在新加坡诞生了。太平洋海运信托计划是首个利用海运金融刺激法案在新加坡上市的信托计划。该信托于2006年4月25日在新加坡成立,由太平洋海运信托受托人(PSTM)发起,以投资4000TEU以内的集装箱船舶船型为主,旨在通过与主要船舶公司签订长期租约,保持相对稳定的回报。PST的折合利息为4%,低于银行5.9%的贷款利息,因此与其他船舶融资方式(如德国KG模式等)相比更具有降低船舶经营成本的优势。PST的成功运作,改变了传统"贷款买船,营运还本息"的模式,也使融资主体由船舶公司和银行转向机构投资者和大众散户。MIF计划的优惠政策将进一步刺激当地和海外金融机构为新加坡海运业提供更多的融资渠道,催生更多全新的、精细的,诸如船务基金、船舶租赁公司等船舶融资模式。

(3)金融租赁融资

作为一种全新的融资方式,金融租赁自20世纪50年代起源于美国之后,近几十年在世界范围内得到迅猛发展,尤其是在大型固定设备、高科技产品等领域发挥了重要作用。对于航运业这样资本密集型的行业，利用金融租赁的方式进行船舶融资已经得到航运公司普遍重视，尤其是对于一些中小航运企业来说，由于他们规模、资金实力有限，所以多采用融资租赁（光租）或经营性租赁（期租、程租）进行船舶融资和运营。

（4）债券融资

债券融资与股票融资一样，同属于直接融资。在直接融资中，需要资金的部门直接到市场上融资，借贷双方存在直接的对应关系。近年来伊斯兰航运债券的兴起，已为航运公司短中期资金配置创造新的可能性。伊斯兰债券市场的快速成长可归因于其具有提供流动性管理的潜力，而这正是伊斯兰银行与金融业进一步发展的一个关键因素。

（5）英国税务租赁

英国税务租赁是利用英国的税法中关于减免税的规定来降低融资成本的一种租赁方式。其操作过程如下：出租人（必须是一英国公司）出资购买船舶，租赁给承租人（也必须是一英国公司）使用，承租人向出租人支付租金。由于英国法律规定，船舶每年可以按上年账面价值的25%进行折旧。在最初几年，租金必然低于折旧，出租人的账面亏损可用以抵消其部分盈利，减少交税。出租人将这部分收益返还给承租人，后者的融资成本也能降低。各国的税务租赁中以英国税务租赁的收益最大（25年租赁扣除各种费用的净利可达到船价的6%~8%），但同时它也具有要求严格、结构复杂、费用高的特点。

2.2.2 航运保险

船舶航行于世界各地港口，船、货面临各种类型的损失和责任，并受不同国家法律的管辖或影响。国际性以及风险的广泛性是海上保险的特质。航运保险在保险业中具有重要的地位，有些财产保险公司甚至把业务部门分为"水险"和"非水险"。航运保险中的各类险种在世界各地的众多保险公司都能买到，但其中心是在伦敦、北欧航运国家和中国。不同形式的保险既可由第三方商业保险公司（如我国的大型保险公司）提供，也可由船东互保协会提供，但保险范围、免赔额等因保险条款的提供方不同而不同。

世界财富 500 强企业中 65% 的公司在英国的劳合社投保，其业务范围覆盖 200 多个国家和地区。保险市场的运作大同小异，下面以劳合社为例探讨其运作流程。

保险客户与取得资格的保险经纪商确定需要投保的相关风险，再由保险经纪人与专业承保人讨论有关该风险的保费和合同条款，如果该承保人感兴趣，会同意承保该风险的部分风险和责任，剩下的风险和责任以相同方式在其他承保人中分担，这就是所谓的认购。保险经纪商再就反馈信息与客户商榷，由客户下单。剩下的保单细节问题由保险经纪人与该保单的主承包商确定。客户将保费交给保险经纪人，经纪商扣除相关经纪费后将净额交付劳合社财务中心进行定期大额结算。劳合社最终将保费交付于劳合社辛迪加（syndicates）的管理代理人。

2.2.3 资金结算

当今全球航运结算主要由挪威期货期权结算所、纽约商品交易所和伦敦结算所三家把持。以伦敦结算所（LCH. Clearnet）为例。服务于交易所的清算模式是一种垂直结构（见图 2-1），由清算会员通过交易所与伦敦清算集团进行交易细节的确认，完成该笔交易。场外交易的清算模式如图 2-2 所示，交易方可能是某一家公司，通过经纪商进行交易，经纪商将交易信息传递给清算会员，由清算会员通过伦敦清算所完成交易的清算和结算。

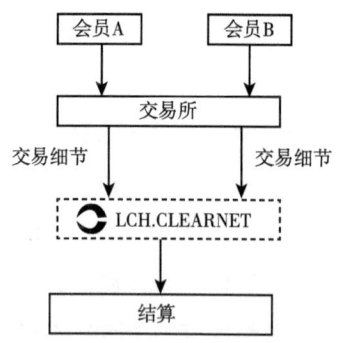

图 2-1 服务于交易所的清算模式

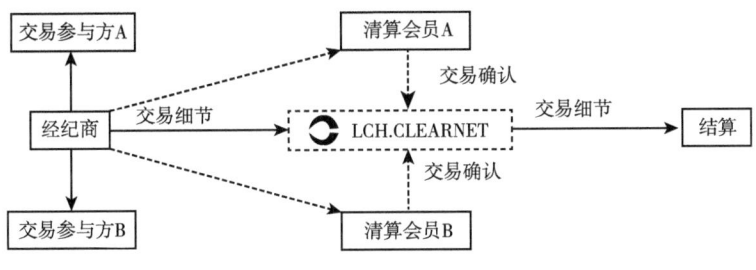

图 2-2　场外交易的清算模式

2.2.4　航运价格衍生产品运作模式

全球运价金融衍生品至今共有三种形式：运价指数期货、运价远期合约和运价期权。

2.2.4.1　运价指数期货

英国波罗的海交易所（Baltic Exchange）于 1985 年 5 月 1 日开始编制波罗的海运价指数（Baltic Freight Index，BFI），该指数根据当时的 11 条航线运价报价综合而得。同年，以此为交易标的的波罗的海运价指数期货在波罗的海国际运价期货交易所（Baltic International Freight Futures Exchange，BIFFEX）开展交易。BFI 期货也成为全球航运史上第一个金融衍生产品。从此，运价衍生品市场正式步入了高速发展时期。

BFI 期货自诞生以来，其交易标的随着 BFI 期货对运价指数里的样本航线的调整而改变，同时航线里的船型也在不断变化。在诞生之初的 5 年时间里，样本航线只有即期的航线运价，1990 年 8 月开始把期租航线加入运价指数中。船型也从最初的灵便型、巴拿马型和好望角型三种向巴拿马型和好望角型（1993 年 11 月）两种，再向只有巴拿马型（1998 年 12 月起）一种变化。随着船型的变化，波罗的海巴拿马型船运价指数（Baltic Panamax Index，BPI）替代了 BFI，成为新的投资标的。BFI 于 1999 年 10 月底退出历史舞台。

BFI 期货是历史上第一个推出"无形"服务的期货产品，曾得到市场的追捧，但是随着时间的推移，该期货的不足越来越明显，交易量不断萎缩。1999

年 11 月以 BPI 指数为标的结算出现之后，交易量进一步下降。1999 年 12 月至 2001 年 6 月，日平均成交量为 17 手，平均合约价值为 204000 美元，该指数期货继续交易的意义已越来越小，终于在 2002 年 4 月下市停止交易。

2.2.4.2　运价远期合约

运价远期合约（Freight Forward Agreement，FFA）是交易双方约定在未来某一时点，就事先约定的运价与波罗的海交易所发布的指数价格（或者普氏邮轮运费指数）的差额进行现金结算。该合约中规定了特定的航线和数量等。

（1）FFA 的发展历程

FFA 最早由美国领先的航运服务提供者——克拉克森（Clarksons）集团旗下的克拉克森证券在 1989 年推向市场。1992 年，由欧洲两家著名船运公司（Bocimar and Burwain）签订了全球第一个干散货的运价远期合约。1994 年，第一个邮轮运价远期合约以伦敦邮轮经纪协会提供的平均运费率的报价为标的，由吉尔（Cargill）公司和英国石油公司（BP）签订。2001 年 11 月，成立于奥斯陆的国际海运交易所（IMAREX）首次出现由挪威期货和期权结算所（NOS）结算的运价远期合约。时隔 4 年后，在 2005 年 6 月，奥斯陆国际海运交易所再次联合挪威期货和期权结算所推出运价远期认购和认沽的期权。2011 年，波罗的海国际运价期货交易所启动 FFA 的中央电子交易系统 BALTEX，同年新加坡交易所（SGX）也推出类似的电子交易系统。

（2）FFA 的产品类别

运价远期合约产品主要分为有场内交易和场外交易。FFA 刚开始时是场外产品，主要是经纪人在买家和卖家之间相互协商。场外交易的合约文本主要是由运费远期合约经纪商协会（Forward Freight Agreement Brokers Association，FFABA）制定的，并以此为标准。产品类别包括所有的干货（湿货）的特定航线和其他样本航线构成的"一揽子"运费指数运价远期合约，包括场内交易的品种、天然气运输的运费远期合约、集装箱运输（Container）的运费远期合约。直到 2001 年，FFA 在奥斯陆国际海运交易所上市交易，并由挪威期货和期权结算所提供结算服务之后，才有了成为标准化合约的运价期货合约的场内交易。上市产品除了场内撮合的交易合约，还有一些结算所提供结算的场外合约。

不同于运价指数期货，FFA 自推出以来一直交易至今，是目前全球成交最活跃、市场认可度最高的航运金融衍生品。2018 年 FFA 成交总量增加。其中，油轮市场的货运衍生成交量增加了 20%，达到 321962 手；干散货市场的成交量增长 1.4%，达到 1196929 手，是自 2008 年以来最强劲的表现。

2.2.4.3 运价期权

运价期权是亚式期权，即期权的执行价格是合约存续期间航线运价（运价指数）的平均价格，一般存续期的计算是指合约生效日到到期日之间。而远期生效的亚式选择权的执行价格是合约生效日后的某一时点开始至到期日的平均标的价格（或者到期前某一时段的平均价为执行价格）。确切地说，运价期权实质上远期生效亚式期权，采取这种形式的好处有：防止人为短期操纵而产生不合理的价格；如果运价指数能在一定的时期内平均稳定在某一价位上，那么参与者规避风险的损益可以不受运费指数的起伏而有异常的波动。

2004 年海运价格大起大落的"牛市"不仅带动了 FFA 交易的火爆，还催生了更高级的运费期权产品的出现。2005 年 6 月 1 日，国际海运交易所联合挪威期货和期权结算所推出流动性很强的湿货运价远期 TD3 和 TC2 的认购和认沽的亚式期权；同时推出了世界上第一个干散货运价远期 PM4TC 的期权合约。因为巴拿马型船运费价格经常会出现幅度 60% 的波动，所以新的运价期权合约针对巴拿马型货船。

2.3 航运金融市场风险

航运金融行业由于涉及大量的资金流动和复杂的交易背景，存在多种风险。

2.3.1 市场风险

航运金融市场主要服务于航运业，由于航运需求是一种派生需求，因而影响航运需求的因素也直接影响着航运金融市场。市场风险主要源于航运市场的波动，如运价、船价等的变化。

航运企业是以船舶为生产工具，为客户提供船舶运输和船舶租赁服务，并收取运费和租金获取盈利的市场主体。运费是航运企业的主要收入来源，运费价格与航运企业的经济效益息息相关。供求关系与市场价格密切相连，而供求关系又受世界经济水平状况、世界各国的政治形势、各国的贸易关系等因素的影响。随着世界经济高速增长，国际贸易也呈现增长的趋势，从而对航运产生强烈的需求，航运市场表现出繁荣的景象，运价、船价也随之水涨船高，出现对航运融资的巨大需求。若金融市场交易活跃、资金充裕、投资者信心高涨，金融机构利润呈现增长状态。这种状态下，各类金融工具价格上涨，股票市场行情看涨，债券市场利率下降，货币市场利率相对较低，市场信用环境良好；若在世界经济衰退阶段，航运企业利润下滑、投资者信心低落、资金短缺，导致金融市场萧条。航运市场的不稳定性和强周期性，造成运费价格难以平稳，航运企业的盈利能力也难以保证，这不仅使得航运企业面对较大的收入风险，也直接影响到航运金融市场的稳定。

2.3.2 信用风险

信用在市场经济活动中具有稳定市场秩序和提高资金使用率的双重功能。企业信用是核心竞争力的象征，在激烈的市场竞争中发挥着重要作用。航运金融中的信用风险主要指借款人不按期还款带来的风险。一旦全球经济不景气，航运市场就会呈现"需求放缓，运力大幅增长，成本上涨，运价却大幅下降"态势，众多航运业深陷亏损深渊。庞大的船队在繁荣时期带给船东巨大的辉煌和荣耀，然而在市场长期低谷时，它们将变成沉重的负担，一旦发生任何的突变风险，甚至成为压垮骆驼的最后一根稻草。经营亏损加上资金链断裂导致违约事件频发，众多企业走向关门或倒闭。还有不少中小型企业在航运市场繁荣期间赚得盆满钵满。但当金融危机爆发后，一些企业见无利可图，干脆关门停业或利用破产保护恶意逃避合同义务。这种缺乏诚信的行为，严重扰乱了市场秩序。企业信用危机会引发行业信用危机，进而造成社会经济动荡。各层次的信用风险相互交织，互为作用，使风险呈现倍增效应。

2.3.3 操作风险

操作风险是由人为因素导致的机构内部运行紊乱,包括四个方面:人员操作失误——主要是指未按办法规定操作,内部流程不健全——内部制度流程缺陷、合同缺陷、产品本身缺陷等导致的内控管理不到位,系统漏洞——系统设计缺陷或系统运行问题,外部事件——自然灾害、外部欺诈、外包服务商履职不到位等。总体来看,操作风险的来源是直接或间接人为因素导致的。在不少金融机构中,操作风险导致的损失已经明显大于市场风险和信用风险。操作风险具备典型的低频率高损失程度特性,且因为数据稀少具有一定程度的不可预测性,一次严重的操作风险就可能造成金融机构的破产。

2.3.4 金融风险

金融风险是指金融损失的可能性,主要是由于利率、汇率变动,通货膨胀而引起航运企业实际的收益或成本和预期结果有偏差。当利率下降时,航运企业融资成本降低,投资者倾向于将资金投入金融市场,促进了市场繁荣。反之,利率上升会增加航运企业融资成本,投资者更倾向于保守型投资,导致市场萧条。利率风险主要存在于商业银行贷款和债券发行中。市场利率下降,对固定利率融资的商业银行贷款和债券发行造成风险;以浮动利率融资的贷款和债券发行,会因市场利率上升存在风险。20 世纪 70 年代,我国香港船东正是因融资的美元利率上升而损失惨重。国际航运企业在筹资、船舶投资、日常经营活动中,以外币计价或定值的资产或负债,由于汇率变动可能遭受外汇风险。在资金筹措中,国际商业银行贷款币种与将要支付的造船投资的币种可能不一致,以及贷款所取得的时间和需要进行支付的时间也可能不一致,从而会造成相应的汇率风险。获得的外国政府造船融资信贷,由于其对外造船报价和结算都使用贷款国货币,因而外汇风险将由船东或航运企业承担。此外,通过发行股票或债券融资,得到的货币与最终用途的支付货币也可能不一致。尤其是债券发行,由于其时间长、数额大,还本付息面临的外汇风险更大。在发生通货膨胀情况下,本来并不热销的航运企业股票,将面临更大的购买力风险。

2.4　全球重要航运金融市场

历史发展证明，金融中心和航运中心是相伴而生的，金融中心发展源于航运，航运中心发展离不开金融的支持。航运业为金融业带来更好的发展空间，金融业借助航运业可以深化金融产品的开发。世界著名的五大国际航运中心——纽约、伦敦、东京、新加坡以及我国香港，同时也都是著名国际金融中心。随着航运实力和金融实力的不断增强，我国上海已基本建成具有全球资源配置能力的国际航运中心，航运金融创新实践不断推进，航运金融中心的地位日益凸显。

2.4.1　伦敦航运金融市场

伦敦作为国际航运金融中心的历史最早且最长。伦敦位于英格兰东南部的平原上，跨泰晤士河，距海88公里。伦敦港每年吞吐量约五千万吨，是英国最大的港口，同样是西欧各国极为重要的港口码头及全球航运中心。伦敦从19世纪初期开始处于"世界金融中心之首"的位置，这离不开英国作为世界经济主导者的强力支撑。可以说，在19世纪前2/3的时间里，英国既扮演了世界工厂的角色，又扮演了世界银行家的角色。在1870年之前很长一段时期内，英国一直保持着世界最大经济体的地位，同时处于国际贸易和结算体系的中心。英国的工业化水平是当时世界最高的。在19世纪60年代，英国居民的人均收入达到欧洲大陆的两倍。1870年左右，虽然美国的GDP已超过英国，但英国在制造业方面仍领先全球，提供了全世界1/3的工业品。到1913年，尽管面临来自竞争对手压力的很大，英国的商业船队仍是世界上实力最强的船队，其商船总吨位占世界的1/3，同时运营着大多数非英国本土的港口贸易。

作为老牌航运中心，伦敦拥有良好的人文历史条件，如悠久的贸易和航海的传统和文化、众多优秀的海事人才等。虽然到今天，伦敦的港口已无全球级的功能和条件，但伦敦仍以其交易市场、保险服务、航运信息服务、海事服务、海事研究与交流、海事监管等功能，保持着世界级国际航运中心地位。据了解，世界20%的船级管理机构常驻伦敦，世界50%的油轮租船业务、40%的散货船业务、18%的船舶融资规模和20%的航运保险总额，都在伦敦。全球有1750多家从事航运事务的公司与机构在伦敦设有办事处。

伦敦是全球主要航运金融中心，但近期地位有所下降。在第23期（2018年3月）《全球金融指数报告》（GFCI）之前，伦敦的排名始终位列第一；在第23期之后，其全球金融中心指数得分下滑较为明显，全球排名第一的位置被纽约取代。虽然如此，但伦敦航运金融中心的地位短期内仍然不会动摇。

（1）在吸引外商投资金融和专业服务领域表现出色

2022年4月26日，伦敦金融城公司（City of London Corporation）发布的一项报告显示，2021年伦敦在吸引外商投资金融和专业服务领域方面排名世界第一。数据显示，英国在2021年总共吸引了11亿英镑的投资，是欧洲金融和专业服务领域吸引外国直接投资项目最多的地区（186个），在全球范围内仅次于美国（234个）。其中，伦敦集中了英国八成以上的外国直接投资项目，在国际金融中心竞争格局中表现亮眼。

（2）伦敦市场是全球最大的商业（再保险）保险中心

英国是世界第四大保险市场，也是欧洲最大的保险市场，2020年保费总额为3380亿美元。全球前20大保险和再保险公司中的每一家都活跃在伦敦，劳埃德保险和再保险公司在全球200多个国家运营。在全球范围内，伦敦市场提供了60%的航空保险、52%的能源保险和33%的航运保险产品。英国贸易公司CMC Markets2023年3月14日发布的一项调查显示，伦敦金融城共有22305家注册企业，其中3400家属于金融和保险业，占比15.42%。这就意味着在每10家伦敦金融城企业中，就有1.5家是金融公司或保险公司。

（3）伦敦证券交易所具备国际影响力

截至2020年年底，有368家外国公司在伦敦证券交易所（LSE）上市。这使其成为最国际化的证券交易所之一。

此外，伦敦还是全球重要的外汇交易中心、黄金交易中心，全世界37%的国际货币交易和18%的跨国借贷都来自伦敦市场。根据2019年的数据，在全球外汇交易方面，保持在第一位的是英国，伦敦更是在全球外汇交易总量中占比高达43.1%。截至2020年年底，国际银行贷款的未偿价值中有15%位于伦敦的银行，使其成为世界最大的跨境银行业中心。

2.4.2 纽约航运金融市场

纽约是美国最大的城市，也是美国最大的经济中心和第三大工业中心。纽约位居的大西洋东北岸为全美人口最密集、工商业最发达的区域，又邻近全球最繁忙的大西洋航线，在位置上与欧洲接近，再加上港口条件优越，以伊利运河连接五大湖区，使得纽约港成为美国最重要的产品集散地，也因此奠定了其成为全球重要航运交通枢纽及欧美交通中心的地位。19世纪50年代，美国2/3的进口和1/3的出口都要经过纽约港。波士顿、费城和巴尔的摩被远远地甩在后面，经过它们的贸易商品加在一起也只有纽约的1/4。正是在这样的背景与逻辑之下，纽约金融业获得了飞速发展，奠定了国际金融中心的地位。

在第二次世界大战之后，英国政治经济实力逐渐衰弱，美国逐渐强盛，美元作为国际货币被人们广泛接受。纽约担负起了向国际市场融通美元资金的任务。随着美元霸权地位的确立，纽约金融中心形成并逐渐取代了伦敦世界独尊的地位。根据《全球金融指数报告》（GFCI）的数据，从2018年9月发布的第24期指数至今，纽约超越伦敦位居全球金融中心排名首位。

纽约是全世界发展最快的金融集聚地，世界最大的100家银行中有95家在纽约设有分支机构。曼哈顿的债券市场和股票市场是世界最大的经营中、长期借贷资金的资本市场。它的外汇市场是世界最主要的外汇市场之一，货币市场是世界交易量最大的一个。纽约集聚了世界上最大、最多的金融机构和优质企业总部，被誉为美国经济的"晴雨表"。2019年纽约市场的外汇交易量在全球占比16%，仅次于伦敦。2020年纽约市场的股票市值40.72万亿美元，占全球的38%；股票成交规模90.08万亿美元，占全球的48%。

2.4.3 新加坡航运金融市场

新加坡以完善的海港基础设施、提供一系列海事服务、充满活力的业界生态系统等有利发展的因素，以及良好的政府政策击败其他港口，连续10年被评选为全球综合实力最强的国际航运中心。新加坡也是与中国香港齐名的亚太地区国际金融中心。在2022年9月22日发布的《全球金融指数报告》（GF-

CI）中，新加坡反超中国香港在亚洲排名第一。

新加坡是实行外向型发展战略的自由港。新加坡与东南亚各国存在深度联系，具备成为东南亚区域金融枢纽的基础。通过提供更宽松的政策环境，新加坡持续吸引境外金融机构落户，并以外汇交易为突破口打造以服务境外为主的金融市场，与中国香港开展差异化竞争。新加坡一直以来被全球视为东南亚区域总部与财务中心，是亚太地区重要的离岸金融中心。

（1）抢占亚洲美元市场先机，开拓离岸金融业务

20世纪60年代，欧美银行拟在亚太地区建立亚洲美元市场。新加坡政府则率先对非居民取消外币利息税，允许银行以优惠的税制经营亚洲货币单位（ACU）业务，并取消了ACU业务的外汇管制。这些措施使得新加坡于1968年成功建立起亚洲美元市场。随后，新加坡逐步放宽外汇管制，于1978年实现外汇自由进出，推动新加坡离岸金融业务快速发展。同时恰逢布雷顿森林体系崩塌，发达国家大量金融资本流向亚洲市场，新加坡成为亚洲美元交易中心。1970—1976年，新加坡金融体系的国际资产负债年平均增速高达88%。

（2）多次放宽金融市场准入吸引大量境外机构

新加坡曾实施三轮措施放宽金融市场准入。第一轮是在离岸金融业务发展初期，于1973年单独设立离岸性执照颁给境外银行，鼓励境外银行在新加坡设立分支机构开展离岸交易。这一轮准入的放松为境外资金进入新加坡提供了机会，渣打、汇丰等外资银行开始在新加坡经营ACU业务。从1970—1975年短短5年间，新加坡经营ACU的银行数量就从9家发展到了68家。第二轮始于20世纪80年代末，新加坡政府为鼓励金融机构在新加坡设立区域运行总部，放宽了外商拥有新加坡本地经纪商股权的最高限额，以及外资持有当地银行股权的份额限制，将外商持有本地经纪商股权的限额从49%提高到70%，外资持有本地银行比例从20%提高到40%。新加坡因此得以在20世纪90年代成为全球第十一大区域运营总部。第三轮是在亚洲金融危机后，为应对危机后的境外金融业务紧缩，新加坡金管局全方位放松了对银行、证券、保险的管制。银行方面，将银行业执照种类重新划分，并放松境外投资者持有的银行股权限制；证券方面，放宽证券交易商资格及佣金要求；保险方面，撤销了外资股权49%的上限，并开放了再保险公司（reinsurer）和自保公司（captive insurer）的市场准入。截至2021年年末，新加坡合计有银行159家、资本市场

服务机构1107家、保险公司79家、再保险公司51家、自保险公司82家。新加坡是亚洲目前最大的自保险中心。

（3）金融市场以外汇业务为突破口，体现较强的服务境外特点

新加坡外汇市场拥有先天优势：首先，新加坡地处欧亚非三洲交通要道，具备全天进行外汇交易的时区条件，可24小时服务全球；其次，离岸金融业务为新加坡带来了大量外汇交易和对冲风险需求，新加坡国际金融交易所与芝加哥商品交易所合作，创造了24小时外汇交易条件，将服务范围拓展至全球。1998年新加坡全年外汇期货交易量首次超越东京成为亚洲第一。2019年国际清算银行（BIS）外汇调查显示，新加坡以7.6%的全球外汇交易量份额排名全球第三、亚洲第一。在证券市场建设方面，新加坡也体现了以境外为主的服务特点。虽然东南亚地区赴新加坡融资的企业数量有限且规模较小，新加坡股票市场挂牌企业数量仅为中国香港股票市场的1/4，债券发行规模仅为中国香港的1/6。但根据世界交易所联合会（WFE）2019年的统计数据，新加坡交易所挂牌企业中境外企业占比全球最高，达35%，为全球第一。

2.4.4 东京航运金融市场

日本经济从20世纪70年代开始高速发展，企业的扩张形成了大规模的市场需求。而东京借助港口城市的有利位置，大力开展出口贸易，带动沿岸港口地区市场需求增长，不断吸引外国投资。随着日本经济和金融市场的发展，东京相应成为日本金融中心。日本东京国际金融中心的发展主要归功于在银行、外汇、债券等市场的全面开放。放宽外资金融机构准入条件、经营活动范围的限制和国内金融机构进入国际市场的限制等政策利好，提高了东京金融市场在国际金融市场中的地位。80年代，日本经济总量占世界第二位，日本保持世界最大债权国地位，在强大经济实力的支持下，东京金融市场成为世界三大国际金融市场之一，东京成为重要的国际金融中心。90年代以来，日本经济泡沫破灭，日本经济进入衰退期，东京国际金融中心地位有所下降。即便经历了"失去的20年"，东京仍是亚洲地区重量级城市。东京是日本航运交易所监管的仲裁委员会，以及日本保赔协会（Japan P&I Club）和主要船级社之一——Class NK的所在地。东京中央区成为全日本30%以上的银行总部、50%销售

额超过 100 亿日元的大公司总部的聚集地。2022 年年末，日本银行业总资产规模达 1352 万亿日元。世界交易所联合会（World Federation of Exchanges）数据显示，2024 年 1 月，在东京证券交易所上市的股票合计总市值超过了上交所，总市值达到 917 万亿日元，约合 6.32 万亿美元。这也使东京证券交易所市值重返亚洲第一。如今，为了持续巩固国际金融中心地位，东京将金融科技列为主要发展方向，尤其重视金融科技在资产管理领域的融合应用。

2.4.5 中国香港航运金融市场

我国香港的港口与航运业历史悠久，至今已超过 150 年。一直以来，港航业都是推动香港经济发展的重要支柱，支撑着香港的转口、货运、物流和贸易等多个领域的发展，是香港繁荣和经济增长的动力和重要基石，也推动香港成为享誉世界的国际航运中心。20 世纪 50 年代开始，香港工业经由转口贸易转型为加工贸易；60 年代末至 70 年代，香港城市化和金融业快速发展；1983 年 10 月联系汇率制度实施后，香港货币金融基石确立，推动香港成为亚太区第二大国际金融中心，并在亚洲金融危机之后进一步确立国际金融中心地位。2008 年国际金融危机爆发后，香港逐步建立起一套自由、透明并且符合国际标准规范的金融体系，大多数时间都稳居全球第三大国际金融中心的地位。2020 年以来，受内外部多重因素影响，香港国际金融中心排名一度出现下滑，近期再度回升。香港金融监管体系成熟，营商环境公平公正，税制设计简单透明，为其持续拓宽金融服务广度和深度奠定了基础。从总体上看，2020 年以来香港发挥国际金融中心功能的基础依然稳固。

（1）香港拥有亚洲乃至全球顶级规模的金融市场

香港是全球第七大股票市场，截至 2023 年 4 月，港交所上市企业数量超过 2600 家，总市值达到 35.9 万亿港元。香港是亚洲最大的国际债券发行中心，2022 年发行额达到 1036 亿美元，占比约 30%。香港是除内地以外亚洲最大的私募基金枢纽，截至 2022 年 12 月末，约有 630 家私募基金公司，在港营运管理资本总规模约 2080 亿美元。在国际清算银行 2022 年外汇与衍生工具市场成交额调查中，香港继续保持全球第四大外汇市场、第三大场外利率衍生工具市场地位。此外，香港保险市场发达，2021 年保险渗透率及密度排名亚洲第一位,全球20大保险公司中,有12家在香港获授权经营保险业务。

(2) 香港全球离岸人民币业务枢纽地位持续稳固

香港拥有全球最大的离岸人民币资金池,截至2022年12月末,香港人民币存款达到9817亿元,全年离岸人民币债券发行额达到1434亿元。依托高效的金融基础设施及多元的资金流通渠道,香港成为跨境资金进出内地的主要门户。2022年,债券通"北向通"日均成交额达322亿元,占境外投资者在中国银行间债券市场整体成交额的61%,离岸人民币债券市场发行规模创8年来新高;人民币支付交易占环球银行金融电信协会(Swift)全球人民币支付交易70%以上;内地与香港跨境人民币支付日均交易额达3490亿元,占总交易额的21%。

(3) 香港金融科技和绿色金融领域上升趋势明显

金融科技方面,香港发布了"金融科技2025"策略,构建起金融科技发展的整体框架,严谨的监管制度、良好的基础设施推动了香港金融科技大幅增长。截至2022年11月香港的金融科技企业已超过800家。金融科技监管沙盒获广泛认可,自2016年推出至2022年12月,共有274个金融科技项目获准使用沙盒进行测试。在绿色金融方面,香港多管齐下提升绿色和可持续金融地位,市场规模显著扩大,2022年在香港发行的绿色和可持续债券总额达278亿美元,占亚洲绿色和可持续债券市场的35%,2022年5月首批总值200亿港元的绿色零售债券发行,成为当时全球发行额最大的绿色零售债券。

2.4.6 上海航运金融市场

无论是上海的先进制造业,还是江浙的普通工业,我国"长三角"庞大的工业体系和产能,客观上需要相应的金融服务和航运服务。随着上海金融市场体系的日益完善,航运融资规模不断扩大,航运保险稳步发展,航运衍生品推陈出新,航运跨境资金结算的便利度不断提升,为航运金融的发展创造了更有利的条件。

上海国际航运金融中心的主体架构已经基本确立,各类金融市场、金融基础设施等要素齐备,中外资金融机构集聚发展,金融产品和服务体系不断完善。从市场种类看,上海集聚了包括股票、债券、货币、外汇、票据、期货、黄金、保险等在内的各类全国性金融要素市场，除传统的中国外汇交易中心、上海证券交易所、上海期货交易所、中国金融期货交易所、上海黄金交易所外，近年来人民币跨境支付系统、原油期货交易平台、上海清算所、上海保交所、上海票交所等一批新型金融要素市场和金融基础设施的建立，为金融市场的稳定运行提供了可靠支撑。从定价能力来看，以人民币计价的"上海价格"持续扩容，"上海金""上海油""上海银""上海铜"等相继推出。上海银行间同业拆放利率（Shibor）、贷款市场报价利率（LPR）等基准利率市场化形成机制不断完善；CFETS人民币汇率指数成为国内外市场观察人民币汇率水平的主要参照指标，上海关键收益率（SKY）成为债券市场的重要定价基准。2012—2021年，上海金融业增加值占地区生产总值（GDP）比重从11%增长到18%，上海金融市场成交总额从528万亿元提高至2511万亿元。十年间，上海银行业资产和银行贷款增长均超过140%，保险深度从4.08%上升到4.56%，保险密度从3421元/人上升到7917元/人。上海证券交易所股票市场规模十年来增长近2倍，从全球第七位跃居第三位；债券市场累计融资近34万亿元，成为全球最大的交易所债券市场；上海黄金交易所场内现货黄金交易量位居全球第一位，上海期货交易所多个品种交易量位居同类品种全球第一位。

上海已成为国际化、总部型、功能性金融机构和新型金融机构落户的首选，是外资金融机构在华主要集聚地。截至2023年年末，上海持牌金融机构总数达1771家，其中外资金融机构占比超30%。外商独资私募基金管理人数量全国占比超八成，产品数量、管理规模均占全国95%以上。15家再保险运营中心和3家保险经纪公司（其中外资机构4家）落户上海国际再保险交易中心，首张国际再保险分入合约成功签署。与此对应的是，上海各类金融资源集聚效应也得到进一步显现。截至2022年年末，在沪银行理财、保险资管、信托、券商私募资管、公募基金及私募基金六大资管类别合计规模超过35.9万亿元（未含基金专户和期货资管），占全国六大资管类别资产管理总规模的比例超过28.4%。截至2023年3月末，1082家境外机构持有银行间市场债券3.21万亿元人民币，约占银行间债券市场总托管量的2.5%。上海国际金融中心能级持续提升，国际竞争力和影响力进一步增强。截至2023年年底，上海期货交易所期货期权品种已有32个，包括"上海油""上海铜""上海金"等大宗商品期货在全球的定价影响力持续增强。

思考与练习

1. 什么是航运金融市场？
2. 航运金融市场有哪几种类型？
3. 航运金融市场的特点有哪些？
4. 简述德国 KG 融资模式。
5. 航运金融市场的风险有哪些？
6. 有哪些典型的航运金融市场？

第3章 航运企业债务融资

> **案例导入**

2023年12月15日,日本商船三井宣布将于次年1月在日本国内市场发行100亿日元(约合人民币5.02亿元)的"蓝色债券",为期5年。这是全球第一家发行"蓝色债券"的航运公司。

该债券将参照国际资本市场协会(ICMA)和其他组织提供的指南发行。为发行债券而制定的"蓝色债券框架"将确保债券收益的所有用途都有助于可持续的蓝色经济。基于其对环境产生积极影响的预期,该债券获得了日本信用评级机构(JCR)的最高评级"Blue1(F)"。

据了解,"蓝色债券(blue bond)"是一种绿色债券,为环境、经济和气候有积极影响的海洋项目提供资金,其募集资金的使用仅限于与防止海洋污染、海洋资源可持续发展等相关的项目。

商船三井表示,集团将环境战略定位为其2035年长期经营计划"BLUE ACTION 2035"的关键要素之一,并将"海洋和全球环境保护"作为可持续发展课题之一。该公司计划在2023财年至2025财年投入总计6500亿日元用于解决环保问题。商船三井将通过发行"蓝色债券"筹集资金,为这些举措融资。

3.1 主要的债务融资方式

航运业是一个资本高度密集型的行业,该行业需要不断地以大量资金来升级和扩展船队——预计每年所需资金为300亿~450亿美元。航运企业固定资产投资大、投资回收期长,需要拓宽融资渠道,吸引国内外资本市场上的资金为己所用。债务融资和债权融资是企业融资的两种常见方式。债务融资是指企业通过向债权人借款来筹集资金，以支付利息和偿还本金。一般来说，航运企业的债券融资主要包括以下方式：政府贷款、商业银行贷款、债券融资、融资租赁等。

3.1.1 政府贷款

3.1.1.1 政府贷款的含义

政府贷款包括两个方面的含义。

（1）本国政府贷款

在本国，政府利用利率补贴的方式，通过国家控制的银行给予航运企业低于市场利率的优惠贷款利率。这种来自于本国政府的贷款，实际是政府对本国船东造、买船的一种资助。通过这项资助，本国造船业和航运业获得了巨大的优势。

由于航运业具有耗资巨大且关乎国家安全的特殊性，本国政府向船东提供优惠贷款的方式仍然在各国船舶融资中被应用。其中最为流行的一种方式是固定利率的长期贷款。贷款通常由国家控制的银行进行安排，以补贴的利率贷出，与市场利率的差额部分由政府补给银行。

（2）外国政府贷款（Foreign Government Loans）

外国政府贷款是指一国政府向另一国政府提供的，具有政府间开发援助或部分赠予性质的贷款（通常又称作双边政府贷款），同时具有两国政府之间的信贷关系、构成契约性偿还义务的主权外债。

航运业融资也可以在不同国家政府之间发生。具体的做法是由两国政府机构或政府的代理及授权机构出面商谈，借贷双方签署政府议定书或贷款协议，其贷款资金多为贷款国政府专项安排的财政预算内资金（即通常所说的软贷款），特点是还款期长（通常在15年以上）、还款利息低（一般不会超过3%，有的甚至更低）。

发展中国家的航运业有时可以从发达国家政府取得条件优惠的资金融通。发达国家政府提供资金的目的在于：通过给发展中国家发展航运业提供资助，扶植本国的造船业。通常的做法是发达国家政府给予发展中国家低息贷款,但要求在发达国家的船厂建造船舶。

3.1.1.2 政府贷款的特点

政府贷款的特点是贷款期限长、利率低,国家间政府贷款受国际协定制约。国家间控制造船出口信贷的国际性协定是由经济合作与发展组织(OECD)制订的。从1968年达成协议至今,随着该组织吸收的成员国的日益增多,其对于协议签署国给予非本国造船贷款的最大限额,几乎在全球(包括一些非成员国)得到了认可。经过若干次的调整和修订,贷款条件为:贷款偿还的最长期限从交船起不超过8.5年,在交船前支付20%的合同价格,贷款利率不低于8%。

3.1.1.3 政府贷款中的买方信贷与卖方信贷

政府补贴贷款实质上是政府扶植本国的造船工业,对造船实行的财政补贴办法。除由政策性银行给予优惠贷款外,最常见的政府扶持方式是提供定息的长期贷款,具体通过买方信贷或卖方信贷来实现。另外,政府还为在本国船厂订造新船的船东的私人贷款提供担保。因为违约风险已有效地从船东转移到了政府身上,这就十分有利于船东与独立的金融机构打交道,从而减少了贷款收取的分段计息的升水风险。

买方信贷是将贷款以优惠条件直接放给船东,即船舶所有人通过担保,得到银行贷款,并由船舶所有人向船厂支付船价。有了买方信贷,船厂可以从订造新船的船舶所有人那里分期得到现金付款,用于支付造船的各项支出。

卖方信贷则是贷款放给船厂,船厂再把这一受益转给船东,不是降价就是提供优惠的融资条件,即由船厂或原船东向银行申请贷款造船,船价则由买方取得银行担保,分期将本息付予卖方银行。这是国际上常用的造买船的融资方式。

造船贷款的全部资金来自银行,政府为了鼓励本国船舶出口,往往给提供低息造船贷款的银行一笔利息损失补贴费,用于补偿银行因发放低息贷款而导致的利息损失。政府提供利息补贴的方式有两种:一种是在政府的担保下由政府成立的专门机构按商业利率向商业银行贷款,然后由商业银行以较低的利率向船东发放贷款；另一种是由商业银行直接以补贴利率向船东发放贷款，然后再从政府那里补偿利息的差额，这种方式也需政府向银行提供必要的担保。以英国政府的信贷制度为例，造船贷款由银行直接向船东发放，如果购船人是英国船舶所有人，由工业大臣向银行签发担保书，并用政府基金来弥补利息损失；如果购船人系外国船舶所有人，则由"出口信贷担保署"签发保证书，由商业部弥补银行的利息损失。

在我国，中国进出口银行和国家开发银行专门负责为船舶工业提供贷款。国家主要通过中国进出口银行支持船舶出口。我国九成以上的船舶出口由中国进出口银行提供贷款支持。中国进出口银行成立于1994年，一直致力于为船舶出口提供出口卖方信贷、外汇担保和出口信用险等服务。国家开发银行主要为船舶公司的高新技术和技术改造项目提供优惠贷款，支持国家产业政策鼓励发展的船舶工业项目。国家开发银行提供的是政策性贷款，而非政策性拨款，它以保本微利、有偿使用为原则，其贷款利率与一般商业银行贷款利率相同，不同之处在于其贷款期限较一般商业型银行更长。虽然国家开发银行的贷款手续比商业银行更为复杂，对于长期使用开发银行贷款且还款率良好的国家重点支持项目，项目贷款利率可适当下浮。此外，政策性贷款一般倾向于大型的国有企业或者非常具备实力的民营企业。

3.1.2 商业银行贷款

商业银行贷款是企业最传统也最常用的一种融资方式，适用于所有类型的企业。商业银行根据国家政策以一定的利率将资金贷放给航运企业，并约定期限归还。航运企业一般需要提供担保、抵押，或者收入证明才能获得商业银行贷款。与政府补贴性贷款不同，贷款利率是以银行公布的贷款利率或既定的市场利率为基础，高于政府补贴性贷款利率。

（1）船舶抵押贷款

船舶作为一种大型资产，往往具有较高的价值和流动性，因此船舶抵押贷款在国内外金融市场中得到广泛应用。船舶抵押贷款是申请人提供其自有或者第三人提供其所有的正常运营船舶为质押物或抵押物向银行申请的贷款业务。借款人将船只的所有权移交给金融机构，作为贷款偿还的担保。在借款期间，借款人仍可使用和经营船舶，但需按约定偿还贷款本息。在借款人违约或无法偿还贷款时，金融机构有权以拍卖或变卖船舶的方式变现，以弥补借款人的损失。

（2）船舶信用贷款

船舶信用贷款是指以船东的信誉发放的贷款，借款人无须提供抵押品或第三方担保，仅凭自己的信誉就能取得贷款，并以借款人信用程度作为还款保证。由于信用贷款风险较大，一般要对借款方的经济效益、经营管理水平、发展前景等情况进行详细的考察，以降低风险。

（3）担保贷款

担保贷款是指企业在自身信用资质达不到银行贷款要求的情况下，由第三方提供担保，增加信用资质以获得融资的一种方式。担保贷款的方式为银行提供贷款提供了一定的保障，更重要的是为提供贷款的人降低了贷款风险。担保机构能从融资的角度帮助企业改善治理结构，提升对企业自身价值的认识，能迅速根据融资需求制定相应方案。截至 2022 年年末，全国共有融资担保法人机构 4367 家，其中国有控股机构数量 2569 家，民营及外资控股机构数量 1798 家，直接融资担保在保余额 48164 亿元。担保机构规避和降低了银行风险，许多企业由此获得发展资金。

3.1.3　债券融资

债券市场是资本市场的重要组成部分，是社会资金融通的重要途径之一。债券融资是指企业按法定程序发行的、承诺按期向债券持有者支付利息和偿还本金的一种融资行为。无论是政府贷款还是商业银行贷款，都属于间接融资。在间接融资中，借贷活动必须通过银行等金融中介机构进行，由银行向社会吸收存款，再放贷给需要资金的部门。债券融资与股票融资一样，同属于直接融资，需要资金的部门直接到市场上融资，借贷双方存在直接的对应关系。企业债券，也称公司债券，表示发债企业和投资人之间是一种债权债务关系。债券持有人不参与企业的经营管理，但有权按期收回约定的本息。在企业破产清算时，债权人优先于股东享有对企业剩余财产的索取权。企业债券与股票一样，同属有价证券，可以自由转让。

我国债券市场经过 40 多年的发展，取得了长足进步。自 2016 年起，我国债券市场绝对规模已稳居世界第二。很多航运企业都通过发行债券筹集到了大量资金。早在 2005 年，中国远洋运输（集团）总公司曾公开发售 20 亿元人民币企业债券，募集资金将全部用于油轮和散货船舶的建造。2018 年 4 月 23 日，中远海运集团在上海证券交易所顺利发行首期 20 亿元小公募公司债券，募集资金用于中远海运集团及子公司归还债务和补充流动资金。公开发行的 2018 年公司债券（第一期，3 年期，起息日为 2018 年 4 月 24 日）采取簿记建档方式发行，为无担保、固定利率债券，最终发行利率为 4.50%，比同期限银行贷款基准利率低 0.25 个百分点，为同期市场最优水平。

3.1.4 融资租赁

船舶融资租赁，是指出租人根据承租人对船舶的特定要求和对船厂的选择，出资向造船厂购买船舶并租给承租人使用，由承租人分期支付租金的一种融资模式。在租赁期内船舶所有权属于出租人所有，租期届满，租金支付完毕并且承租人根据融资租赁合同规定履行完全部义务后，船舶所有权即转归承租人所有。

实践中可采用的融资租赁模式主要有以下几种。

3.1.4.1 船舶融资租赁公司的租赁交易模式

船舶融资租赁公司采取融资租赁的方式将订造的船舶租赁给航运企业使用，按约定收取租金，在不增加航运企业负债率的情况下，解决了融资造船的难题，同时又为船厂获得订单。在该框架中，船舶融资租赁公司对造船厂而言是船舶买方，对航运公司而言是出租方。融资租赁船舶的船型、种类、技术规格乃至船价等问题，由航运企业与造船厂商定。

船舶融资租赁公司可以由大货主、航运公司、造船厂和金融机构共同设立，同时吸收民间资本参与，借此完善公司的治理结构，保证经营、决策的市场化；也可以通过相互持股和联合参与融资增强各方的抗风险能力、融资能力和彼此的利益关联度。

船舶融资租赁公司在初期可作为国内造船业、航运企业融资造船的桥梁，经过一段时间的发展，积累经验，可以开拓船舶光租、船舶的售后回租以及为出口船舶提供融资支持。

3.1.4.2 信托机构的信托模式

信托机构可以通过发行信托收据集合信托资金，然后参与社会投资。信托业也把融资租赁作为重要业务来开发，船舶融资租赁可以借助信托业这一坚实平台得到巨大发展。

（1）模式一：资金信托

信托公司通过实施信托计划，将多个信托资金集合起来，形成具有一定规模和实力的资金组合，购买船舶，以融资租赁方式租赁给航运公司。此种方式国内已有实践，2003年年底福建联华国际信托投资有限公司就用此模式，通过发行200份信托合同形成信托财产，向国外购买一艘5万吨级散装货轮，并以融资租赁方式租赁给福建省琯头海运总公司；作为担保，承租人出具不可撤销的保函，同时将其船舶期租的收益权转给受托人，作为按时支付租金的双重保证。实施此种方案应通过选择实力雄厚、资信良好的承租人来降低风险。当承租人无力支付租金时，信托公司还可以直接处理船舶；另外，应注意向保险公司和船东互保协会投保。

（2）模式二：动产信托

动产信托是由设备所有权人（委托人）与信托机构（受托人）签订信托协定，将设备所有权转移给后者，受托人再将设备出租或以分期付款方式出售。这种方式的最大好处就是可以利用受托人的资金实力，盘活委托人的固定资产。这一点尤其适合于船舶这类投资巨大的动产。具体方式为船舶所有人将自有船舶卖给信托公司，同时再和信托公司签订融资租赁合同将该船舶租回。例如，铁行渣华就把14艘平均运力4050teu的集装箱船卖给德国的MPC Capital公司，再签署12年合同租赁这些船舶。这种方式的好处在于，可在原有规模、运力不减的前提下，迅速回笼资金，而将资金投放到盈利更高的船型，更好地发挥资金的时间价值。

日本三井造船公司也曾通过此种方式销售船舶，首先将建造中的船舶信托给三井信托机构，其次由三荣汽船公司向三井信托租用该船只，在10年之内买下该船，而三井造船公司则通过这种方式收回资金。目前世界各地运用信托融资租赁购买的船舶已从普通货船发展到大型油轮。船舶信托已成为动产信托的主要类型。

作为世界最大的货物贸易和船运市场之一，中国船舶融资需求不断增长，国内外企业积极参与船舶融资，推动了行业的快速发展，也帮助中国船东快速扩张船队规模。目前共有82家中资租赁公司开展了船舶融资租赁业务，截至2021年年底，中资租赁船舶资产规模达767亿美元，中资租赁船舶业务投放总额达191亿美元。

3.2 债务融资方式比较与选择

企业的融资行为是一定时期社会融资体系的反映，融资方式越多意味着可供企业选择的融资机会就越多。每种融资方式，都有其自身的优缺点，对企业而言，要根据自身条件和发展需要，诸如资本成本、税收、风险与收益等多种因素，采取符合自己发展阶段的融资方式，才能起到关键性的作用。因此，航运企业要熟练掌握不同融资方式的优缺点和适用情况。

3.2.1 不同融资方式的比较

（1）融资成本

作为一种市场交易行为，航运企业融资会产生一定的交易费用。资金使用者为了能够获得资金使用权必须支付相关的费用即为企业的融资成本，包括融资费用和资金使用费两部分。和一般企业相比，航运企业因其资金需求量较大，融资成本也相对较高。因而，寻求最优融资成本成为航运企业确定资金来源和融资方式时优先考虑的问题。政府贷款的期限通常较长，其贷款期通常为10~30年，并有5~7年的宽限期，最长可达10年。同时利率相对较低，有时甚至是无息或有赠予成分。这种带有援助性质的贷款，尤其适合那些面临经济困难的航运企业。债券融资具有"税盾"作用。与股票的股利相比，债券的利息允许在所得税前支付，航运公司可享受税收上的利益，故公司实际负担的债券成本一般低于股票成本，因而负债经营能为企业带来税收节约价值。因此，企业举债可以合理地避税，从而使企业的每股税后利润增加。一般认为银行贷款较融资租赁成本低，租赁利率通常高于银行贷款利率，而且，融资性租赁公司还会在初期收取一定的手续费。但是，在利用融资租赁的情况下，承租企业可以享受加速折旧的优惠。我国财政部、国家税务总局规定，"企业技术改造采取融资租赁方式租入的机器设备，折旧年限可按租赁期限和国家规定的折旧年限孰短的原则确定，但最短折旧年限不短于三年"。利用银行贷款自行购置设备，就不能享受该优惠待遇。

（2）融资风险

政府贷款、商业银行贷款、债券融资等几种融资方式都属于债务融资。债务融资获得的只是资金的使用权而不是所有权，负债资金的使用是有成本的，企业必须支付利息，并且债务到期时需归还本金。此种义务是企业必须承担的，与企业的经营状况和盈利水平无关，当企业经营不善时，有可能面临巨大的付息和还债压力导致资金链破裂而破产，因此，企业发行债券面临的财务风险较高。相比之下，融资租赁、航运信托的融资风险相对较小。

（3）融资数量

在融资数量方面，政府贷款和银行贷款会受到国家宏观调控和信贷规模的控制和影响。相比之下，债券融资属于直接融资，发行对象分布广泛，市场容量相对较大，且不受金融中介机构自身资产规模及风险管理的约束，可以筹集的资金数量也较多，一次可以筹集大规模的资金用于船舶的建造和购置。但航运公司利用债券筹资也要受一定额度的限制。公开发行公司债券在组织机构、可分配利润、现金流量、净资产规模、发行规模等方面均需满足我国证券法和国务院发布的相关规定。融资租赁的融资额度依客户资质条件和设备价值决定，额度范围较大，期限也较长，适用不同规模航运企业对资金的需求。

（4）融资稳定性

政府贷款和银行贷款都有固定的还款期限。长期贷款可以提供较长时间的还款期限，减轻了企业的短期偿债压力，提供了更多的灵活性和流动性，使企业能够更好地管理现金流。金融机构对较长期限借款的比例往往会有一定的限制。债券的期限可以比较长，且债券的投资者一般不能在债券到期之前向企业索取本金，因而债券筹资方式具有长期性和稳定性的特点。融资租赁通常为长期租赁，租期较长，可以满足租赁人长期使用资产的需求。

（5）融资速度

政府贷款虽然具有贷款期限长、利率低的优点，但限制条件多。政府贷款通常对资金的用途有所规定，确保贷款能用于特定项目或支持国家利益。从提出贷款计划建议书到最终签署贷款协议，整个过程可能会比较漫长，对于急需融资的航运企业来说难解燃眉之急。航运企业申请银行贷款同样需要国家审批、评估等各项程序，时间较长，可达一两年，且对企业的限制较多，各大银行航运业信贷的争夺点主要集中在大型国有航运企业。发行债券的限制条件较长期借款、融资租赁的限制条件多且严格，一般航运企业难以通过该方式融得资金。融资租赁作为一种新的融资方式，审查的手续简便，融资和融物为一体，大大节约了时间，使企业能在最短的时间内，一般一两个月内获得设备使用权以及资金。

3.2.2 融资方式的选择

3.2.2.1 遵循先"内部融资"后"外部融资"的优序原则

在市场经济中，企业融资方式总体来说可以分为两种：一种是内源融资，即将企业的留存收益和折旧转化为投资的过程；另一种是外源融资，即吸收其他经济主体的储蓄，以转化为自己投资的过程。随着航运企业规模的扩大，单纯依靠内源融资很难满足资金需求，企业获得资金在很大程度上靠的是外源融资。

内源融资资金产自企业内部，不需要实际对外支付利息或者股息，不会减少企业的现金流量；不需要融资费用，使得内源融资的成本要远远低于外源融资，可以有效控制财务风险，保持稳健的财务状况。因此，它是企业首选的一种融资方式。企业内源融资能力的大小取决于企业的利润水平、净资产规模和投资者预期等因素，只有当内源融资无法满足企业资金需要时，企业才会转向外源融资。

由于受不同融资环境的影响，企业选择的外源融资方式也不尽相同。为了减少航运企业的财务风险和破产风险，提高资金使用效率，可以根据风险的大小优先选择低风险类型的债务融资。

3.2.2.2 考虑实际情况，选择合适的融资方式

航运企业应根据自身的经营及财务状况，以及宏观经济政策的变化等情况，选择较为合适的融资方式。

(1) 考虑经济环境的影响

经济环境是指企业进行财务活动的宏观经济状况，在经济增速较快时期，企业为了跟上经济增长的速度，需要筹集资金用于增加固定资产、存货、人员等，企业一般可通过发行债券或向银行借款等融资方式获得所需资金，在经济增速开始放缓时，企业对资金的需求降低，一般应逐渐收缩债务融资规模，尽量少用债务融资方式。

(2) 考虑融资方式的资金成本

融资成本越低，融资收益越好。由于不同融资方式具有不同的资金成本，为了以较低的融资成本取得所需资金，企业自然应分析和比较各种筹资方式的资金成本的高低，尽量选择资金成本低的融资方式及融资组合。

(3) 考虑融资方式的风险

企业若采用了债务筹资方式，由于财务杠杆的作用，一旦企业的息税前利润下降，税后利润及每股收益将下降得更快，从而给企业带来财务风险，甚至可能导致企业破产的风险。美国几大投资银行的相继破产，就是与滥用财务杠杆、无视融资方式的风险控制有关。因此，企业务必根据自身的具体情况并考虑融资方式的风险程度选择适合的融资方式。

(4) 考虑企业的盈利能力及发展前景

总体来说，企业的盈利能力越强，财务状况越好，变现能力越强，发展前景良好，就越有能力承担财务风险。在企业的投资利润率大于债务资金利息率的情况下，负债越多，企业的净资产收益率就越高，对企业发展及权益资本所有者就越有利。因此，当企业正处于盈利能力不断上升，发展前景良好时期，债务筹资是一种不错的选择。而当企业盈利能力不断下降，财务状况每况愈下，发展前景欠佳时期，企业应尽量少用债务融资方式，以规避财务风险。

(5) 考虑企业所处行业的竞争程度

企业所处行业的竞争程度较低，进出行业也较困难，且企业的销售利润在未来几年能快速增长时，可考虑增加负债比例，获得财务杠杆利益。否则，应

考虑用股权融资，慎用债务融资。

（6）考虑不同融资的可行性

在诸多融资手段中，政府补贴贷款和商业银行贷款这两类贷款对于航运企业来说都是十分常用的融资方式，同时也是成本最低的，但中小航运企业整体实力较弱、信用等级较低、抵押品较少，因此取得银行贷款相对较难。发行债券通常附有诸多的限制性条件，对企业的背景、规模、实力和发展前景等都有一定的要求。因此，中小型航运企业一般都无法通过发行债券等融资方式来筹集资金，主要还是要依赖银行贷款来满足企业短期流动资金和长期资产投资的资金需求。

此外，航运企业还可以根据企业借款期限、额度、用途及企业自身的经营情况综合考虑。如果企业的借款期限较短，资金需求也不大，借款后可迅速回笼资金，可直接考虑银行贷款。因为银行贷款较融资租赁可减少初期企业承担的手续费等成本。如果企业的融资需求量大且借款期限较长，银行由于一些政策性因素和风控因素等难为其提供融资，这时，企业可向融资租赁公司融资。如果企业的资金用途非常明确，就是要用借来的资金购买机器设备，租赁是最好的选择。融资租赁有"加速折旧"的政策优惠，如果企业注重的不是其财务报表的表面收益水平，而是希望能够实际上减少其所得税的税负，则利用融资租赁较之银行贷款更为有利。中小企业适合选择融资租赁，除了银行难为中小企业贷款的客观原因，资信状况更值得中小企业关注，因为融资租赁属于表外业务，不体现在企业的资产负债表的负债项目中。而一般的银行贷款则全部体现为企业的负债，影响企业的资信状况。

3.3 船舶登记及船舶担保

3.3.1 船舶登记

一般而言，资产分为三种类型：不动产（主要是土地）、有形动产（如船舶、汽车或家具）以及无形资产（如银行结余及贸易债权人）。通常情况下，不动产需进行某种形式的登记，但动产无须登记，然而，船舶是这一普通规则的例外。

船舶进行登记的原因有以下四点。

第一，船舶在世界范围内航行。在船舶的使用年限中，其大部分时间都在所属国家管辖范围之外的公海航行。

第二，相比于其他许多有形动产，船舶类资产的价值更高，贷款人通常希望以船舶本身作为抵押（在许多法律制度下，对于并非实际占有的、未经登记的资产而言，往往很难做到这一点）。

第三，船舶是战略性资产，在战争时期具有重大价值。

第四，由于经济与政治方面的原因，一些国家可能希望将待定类型的贸易限定在悬挂自身国旗的船舶范围内。

船舶登记是赋予船舶以国籍和权利义务的行为，即对船舶享有某种权利的人，向国家授权的船舶登记机关提出申请并提交相应的文件，经船舶登记机关审查，对符合法定条件的船舶予以注册，并以国家的名义签发相应证书的法律事实。

有关船舶登记制度各国的规定不尽相同。按照《中华人民共和国船舶登记条例》，我国的船舶登记制度，包括船舶所有权登记、船舶抵押权登记、光船租赁登记、船舶权利的变更和注销登记以及临时登记等。

船舶登记的法律效力主要表现在登记人从船舶登记机关获取了相应的登记证书来证明其享有的船舶权利，可以对抗第三人；同时，有权悬挂该国国旗在海上航行。船舶经过登记之后，一方面确定了船舶的国籍，另一方面确定了船舶的权属。通过办理船舶登记，使船舶的权属状况及早得到确认，有利于保护权利人的合法权益。

3.3.2 船舶担保

《中华人民共和国民法典》（以下简称《民法典》）中的担保，又称债权担保、债的担保、债务担保，是总括性的概念，内涵丰富，外延极广。从我国《民法典》的内容看，债的担保是指以当事人的一定财产为基础的，能够用以督促债务人履行债务，保障债权实现的方法。抵押担保是指债务人或者第三人不转移对某一特定物的占有，而将该财产作为债权的担保，债务人不履行债务时，债权人有权以该财产折价或者以拍卖、变卖该财产的价款优先受偿。船舶抵押是一种常见的担保方式，用于保障债权的实现。根据《中华人民共和国海商法》的规定，船舶抵押权人可以对抵押的船舶进行拍卖，并从拍卖所得的价款中优先受偿。同一船舶可以设立两个或以上的抵押权，其顺序以抵押权登记的先后为准。

船舶抵押制度起源于古代航海冒险事业筹借资金的需要，是船舶所有人取得贷款的一种手段。在船舶贷款行业，很少有银行会在未获得船舶抵押的情况下提供贷款。抵押除了能够提供积极担保之外，还能为银行提供一种消极担保，即防止其他债权人对可能成为借款人唯一实质性资产的船舶设立优先受偿权。船舶抵押权作为船舶担保物权之一，也是如今航运主体主要的融资担保手段，对促进航海业、造船业和保险业发展起到良好的、积极的作用。

传统上，船舶融资银行在提供贷款时，若获得船舶价格60%（具体百分比取决于船舶类型及可能的强制出售市场）的第一抵押权，或者随附转让的船舶保险及盈利，将感到比较满意。20世纪70年代末，世界航运业因产能过剩而步履维艰，船舶价格在很多地方都急剧下降。许多获得60%比例的资产价值抵押的银行突然发现，即使它们强制执行抵押并出售船舶，唯一的市场只有废料回收商。因此，在涉及借款时，贷款人很少仅通过对船舶设置抵押来作为担保。银行在船舶贷款中通常要求提供的主要担保类型不限于以下几种。

①需获得贷款的一艘或多艘船舶的第一优先抵押权；
②该船舶的所有保险的转让；
③船舶全部收益的转让，可能包括特定租船合同的权益转让；
④船舶征用报酬的转让；
⑤个人或母公司的担保及赔偿保证；
⑥借款人股份的押记或质押；
⑦担保（保证），通常来自母公司或借款人的最终受益船东。

3.4　不同船舶登记制度下的船舶抵押

为保障其合法权益，融资银行必须重视船舶登记，因为船舶作为最基本的担保措施之一，若没有完成必要的船舶登记，银行将无法进行有效的船舶抵押登记。

很多方便旗国家（如巴拿马、塞浦路斯等）允许有两个阶段的注册登记，即临时登记和正式登记。船舶所有人暂时无法备齐全部申请材料，可以先进行临时登记，获得临时登记证书。贷款人可以在临时登记基础上办理抵押登记，这对贷款人权益是重要的保障。因为无论是新建船舶或是二手船舶，船东可能暂时无法妥善置备船舶登记所需要的全部文件，允许临时登记并借以完成抵押登记可以保证船舶抵押没有空窗期；在规定的期限内向船旗国主管当局递交所规定的其他任何附加文件或者满足其他条件后，船舶所有人可以申请将临时登记转换为正式登记。船舶的登记属于临时登记还是正式登记，在不同的司法管辖区会产生不同的影响。多数情况下，临时登记的船舶不能办理抵押登记，如中国、希腊、马恩岛等；而在一些国家或地区，临时登记的船舶却完全可以办理抵押登记，例如在巴哈马、塞浦路斯、中国香港、印度等。但无论船舶登记是临时的还是正式的，抵押登记通常从其登记之日起生效。

船舶虽为动产，但具有极强的不动产属性，于是各国仿照不动产抵押制度，另行创立了船舶抵押权制度。船舶可以设立抵押权，且需要在国家指定的机构进行登记，以进行公示。船舶抵押权登记，是指由登记主管机关依法在登记簿上就被抵押船舶上的抵押权予以记载的行为。从各国和地区法律规定来看，船舶抵押权的登记主要存在登记生效主义和登记对抗主义两种模式。

（1）登记生效主义

登记生效主义是指抵押权的设定以登记为发生效力的要件，未经登记，抵押权不仅不能对抗第三人，在抵押当事人之间也无约束力，即抵押权根本不能成立。"合意"与"登记"二者缺一不可。因登记作为表现形式构成船舶所有权变动不可或缺因素，故也称形式主义。登记生效主义偏向于维护第三人的利益，维护交易的稳定合法性，缺点是交易受到更多的约束，不利于交易的方便快捷。

（2）登记对抗主义

登记对抗主义，强调当事人之间变动物权的行为无须登记即产生物权变动效力，但是出于交易安全的考虑，只有在登记后才产生对抗第三人的效力，未经登记的，不能对抗善意第三人。在登记对抗主义这种法律模式下，登记并不是物权变动的生效要件，登记也并不产生公信力，仅产生对抗力。其优点是不以登记作为物权变动要件，充分尊重当事人的意思自治，使不动产交易较为便捷，缺点是因不动产物权的变动缺乏表面的公示形式，易使善意第三人利益受损，容易形成在不动产之上的多种权利状态。

至于采取哪种立法模式，主要取决于各国的法律体系和贯穿于其中的法律思维以及各国根据自己的经济发展需要，在交易安全和交易便捷方面，在第三人利益和船舶抵押权人利益之间进行的平衡。

《中华人民共和国物权法》第24条规定："船舶、航空器、机动车等物权变动的设立、变更、转让、消灭，未经登记，不得对抗善意第三人。"《中华人民共和国海商法》第九条规定："船舶所有权的取得、转让和消灭，应向船舶登记机关登记；未经登记的，不得对抗第三人。"从这些法律规定可以看出，我国船舶所有权登记效力采用登记对抗主义。

思考与练习

1. 航运企业债务融资的方式有哪些？
2. 简述买方信贷和卖方信贷的含义。
3. 简述银行信贷的主要方式。
4. 简述融资租赁的含义。
5. 试对不同债务融资模式进行比较。
6. 什么是船舶登记？不同登记制度怎样影响船舶抵押？

第4章 航运企业权益融资

> **案例导入**

权益融资是企业筹集到的资金转化为所有权的行为。航运企业成立和发展壮大，最初的权益融资方式是资本金的投入和吸引直接投资。资本市场的日益完善，为航运公司提供了一个募集股权融资资金以扩张其船队并应对行业日益增长的资本需求的有效和快捷的途径。其中，股权融资是现代企业常见且重要的融资方式。

福建国航远洋运输股份有限公司主要从事国际远洋、国内沿海和长江中下游航线的干散货运输业务，定位为打造具有一流服务品牌的国际航运企业，是国内干散货运输的大型航运企业，以航运业务为主，以船舶管理、商品贸易等相关业务为辅，公司拥有自营干散货船舶18艘，在国内外沿江沿海港口形成了内外贸兼营的运输格局。2021年公司实现营业收入14.39亿元。2022年12月15日，公司上市，证券代码833171，公开发行股票1.11亿股，发行后总股本5.55亿股，发行价格5.20元/股，新股募集资金总额5.77亿元。通过股票上市，福建国航远洋运输股份有限公司获得了良好的声誉，吸引了较多的投资者进行投资，企业也具有了更高的市场价值。

4.1 主要的权益融资方式

4.1.1 内源性融资与直接投资

传统上，船舶融资起源于航运业内部资金，主要源自船舶运营和船舶处置的留存收益和未分配利润，以及折旧转化为直接投资等。内源融资能力取决于企业的利润水平、净资产规模和投资者预期等因素。盈利能力越强的企业，以及公司无法再借债或涉及风险较大的航运投资时，会优先选择内源融资方式。内源性融资无筹资费用，且对外无须支付利息或者股息，不会减少企业的现金流量。由于内源性资金往往不足以支持航运企业巨大的资金需求，只有很少部分的船舶是船东依靠自身资源购买的。企业往往会转向外源筹集所需资金。

吸收直接投资是航运公司最早采用的筹资外源性资金的一种方式，也是航运公司普遍采用的一种筹资方式，是公司按照共同投资、共同经营、共担风险、共享风险的原则吸收国家、企业、个人、外商投入资金的一种筹资方式。吸收直接投资中的出资者都是公司的所有者，享有公司的经营管理权并承担相应的义务。当航运公司经营状况好、实现盈利时，各方可按出资比例分享利润。航运公司在吸收直接投资时，可以吸收投资者的现金、厂房、机器设备、材料等实物资产，亦可以吸收工业产权、非专利技术和土地使用权等无形资产投资。

4.1.2 股权融资

在证券市场挂牌上市，是航运企业获得权益融资的主要方式。纽约、奥斯陆、中国香港和新加坡是吸引大多数上市航运公司的主要金融市场，近年来，中国香港、上海和深圳的交易所已逐渐超过了美国的交易所。东京、奥斯陆和哥本哈根的交易所对航运企业上市也很重要。不同的市场有不同的上市条件，企业会根据自己的规模、产业特点、市场对其认可度等因素进行综合考虑。一般来说航运企业高度国际化，因此选择国内或者境外同时上市可能比较有利。

4.1.2.1 在中国上市融资

在中国上市是指在我国上海证券交易所和深圳证券交易所挂牌交易。股份有限公司申请股票上市，按照《股票发行与交易管理暂行条例》与我国《公司法》的规定，要经过一定的程序。

符合条件公开发行股票的股份有限公司，申请其股票在证券交易所交易，应当向证券交易所的上市委员会提出申请，申请时应报送的文件包括：上市报告书、申请股票上市的股东大会决议、公司章程、公司营业执照、依法经会计师事务所审计的公司近 3 年的财务会计报告、法律意见书和上市保荐书、最近一次招股说明书、证券交易所上市规则规定的其他文件。上市委员会应当自收到申请之日起 20 个工作日内作出审批，确定上市时间。审批文件报证监会备案，并抄报证券委。股份有限公司被批准股票上市后，即成为上市公司。上市最明显的优点就在于获取资金，一家公司能募集到可用于多种目的的资金，包括增长和扩张、清偿债务、市场营销、研究和发展，以及公司并购等资金。

4.1.2.2 在美国上市融资

纽约证券交易所和纳斯达克证券交易所是筹集资金的重要市场，曾经全球近一半的股权融资资金源于美国。一般来说证券交易所往往会迎合本土的航运公司。美国证券交易所不仅迎合美国航运公司，还比较迎合试图进入美国广泛而发达的资本市场国际公司。

（1）上市流程

现有或者新成立的外国船东公司，计划在纽约证券交易所和纳斯达克证券交易所全国市场公开发行股票，需要向美国证券交易委员会（SEC）提交招股说明书，为潜在的投资者提供关于公司业务、财务信息和风险因素的财务文件。在这个静默期美国证券交易委员会审查的主要目标在于公司是否向公众披露和公平阐述。在招股说明书获得美国证券交易委员会批准后，该公司及其承销商通常会进行持续两周左右的路演，向投资者推广其证券。在路演中，承销商收集投资者的订单，并根据募集的新股权资金对公司股份进行定价。在美国，从最初准备招股说明书到最终定价，整个首次公开募股（Initial Public Offering，简称 IPO）过程通常需要 4~6 个月。一旦公司上市并进行股票交易，该公司就可以通过后续发行向投资者发放更多的股票，并能从市场获得额外的资本。

（2）外国私人发行人的界定以及申报特殊流程

外国私人发行人（Foreign Private Issuer，简称 FPI）是指根据美国以外的司法管辖区法律组建的公司或实体，当其在美国证券市场发行证券时，根据美国证券交易委员会的规定，这类公司被称为外国私人发行人。这个定义主要用来区分在美国境内组建的公司（即美国本土发行人）。除以下两种情况以外均属于外国私人发行人：

①超过50%的已发行在外具表决权证券由某位人士直接登记持有，或者通过具表决权信托证明或存托凭证登记使用。该人在发行人、过户代理人、具表决权受托人或存托人记录中的地址为美国地址。

②存在以下任意情况：a. 发行人的绝大多数高级管理人员董事为美国公民和居民；b. 发行超过一半的资产位于美国；c. 发行人的业务主要在美国管理。

对于实质上位于美国的私营公司而言，如果其大多数股东不位于美国，那么在启动上市之初，其可能视作一家外国私人发行人，但是一旦其在美国的首次公开发行活动完成，便不再是外国私人发行人。

外国私人发行人可以提交注册声明拟稿以作保密审查，但无须支付任何申请费，也无须要在SEC网站上提交。另外，SEC严肃对待外国私人发行人提交的申请。在此保密审核过程中，外国私人发行人可以向SEC"试水"。如果发行人在提交非正式注册申明之前确定不继续申请，发行人可以随时提出终止。如果发行人满足SEC给出的意见，发行人则需要支付其申请费，并提交其正式的，包含一份含价格区间的非正式招股说明书的注册申明。当然在提交注册申请之前，需与SEC国际企业融资办公室就行会谈，以便确定潜在披露事宜和会计事宜。

（3）业主有限合伙（MPL）

业主有限合伙中有两类合伙人——有限合伙人和普通合伙人。前者指向合伙企业提供资本的个人投资者或投资者集团，有限合伙人持有份额，并从合伙企业现金流中获得定期收入分配。普通合伙人负责管理合伙企业的商业活动，然后在理想状态中获得与业绩相关的报酬。业主有限合伙要求至少有90%的总收入来源于房地产、矿产和自然资源以及仓储和运输。管道和仓储设施企业往往会订立长期合同，有可预见和有前景的稳定现金流。船舶以长期租赁形式租出的航运企业往往采用业主有限合伙方式经营。

业主有限合伙兼具享有税收优惠、资金成本较低，以及上市公司具备流动性和灵活性的特性，因此发展迅速。

4.1.2.3　中国上市和美国上市融资的比较

（1）在美国上市融资费用更高

融资费用包括交易所费用、中介费用、推广辅助费用等。对比在中国和美国上市，融资费用占融资总额的比例差别较大。在美国仅保荐人费、法律顾问费、会计师费三大费用就超过国内上市总成本，美国 IPO 成本约为总筹资额的 13%~20%。上市公司每年还需要花费维护成本，国内"中小板"上市是 60 万~100 万元人民币，美国则不会低于 1000 万元人民币。换言之，同样的一个发行计划在国内可以融到更多的资金。这亦意味着 IPO 若在美国发行失败，将损失更多的费用。

（2）在美国上市的透明度较高

纽约上市需要根据美国 SEC 的要求进行相当严格的登记，进行严格的信息披露。这可能会泄露商业机密，且披露与客户和供应商的合同和收益状况会降低公司的议价能力。当然投资者更偏爱信息披露严格的市场并愿意付出溢价，因此在美国上市企业会有着更高的市场价值。

（3）上市制度的差异

美国上市制度是注册制，提交材料审批通过就可以上市。企业向美国证券交易委员会（SEC）提交注册文件，包括招股说明书等，SEC 主要负责审核信息披露的完整性和准确性。

2023 年以前我国的上市制度为审核制，审批时间较长。2023 年起，我国全面启动注册制改革。注册制对新股发行的价格、规模等不设行政性限制，保留企业公开发行股票必要的资格条件、合规条件，扩大了同业竞争的核查对象范围，不光要核查控股股东、实控人，还要核查他们控制的其他企业，放宽了募投项目引发同业竞争的审核要求，要求上市公司应当理性融资，合理确定融资规模。注册制将"实质性门槛"尽可能转化为"信息披露要求"，虽然审核把关更加严格，但由于监管部门不再对企业的投资价值作出判断，显著改善了审核制的效率、透明度和可预期性。

4.1.2.4　以上市公司附属公司的方式融资

特殊目的收购公司（SPAC）通常被称为空壳公司或一种空白支票公司，设立这个公司的基本条件是要有可供收购的资产或公司。相较于普通的企业，SPAC 通常都没有明确的经营收入和资产，因为全部是现金，所以上市审核相对容易，上市门槛比传统 IPO 低，没有盈利要求，上市成功率高。SPAC 先上市，然后再收购目标公司，这些公司往往是具有上市潜力的实体企业，再完成合并。由于收购标的公司的交易仅需双方同意，不需要像 IPO 一样进行申购、路演、招股等流程，所以可以很短时间内完成，由于 IPO 通常要求 18~24 个月完成特殊要求的收购。如果股东拒绝拟议交易，特定目的收购公司必须解散，并且在支付通常由上市公司发行人资助的费用和承销费用后，将实收款项加上利息收入返还给投资者。SPAC 把直接上市和间接上市结合起来，以此帮助企业完成证券市场的上市。而 SPAC 公司的发起人，通过所收购企业的资本增值，获得退出收益。可以直接上市，又不用负担很多成本，融资也不用长时间等待。未来可能成为中国中小企业海外上市的新趋势。

4.1.2.5 航运上市股权融资现状

2000 年初，船舶公司的船队规模均较小，通常少于十艘船舶，没有足够的动力去上市，只有某些运营液化石油气和液化天然气的小众且规模较少的航运公司成功发行了 IPO，投资者愿意投资的主要原因是航运公司背后的原油、页岩以及天然气等能源运输合约，这些公司上市以后往往有高区间的定价和强劲的二级市场交易。近些年，航运业股票格局发生了改变，拥有大规模干散货船、原油船舶、集装箱船或者签订大规模新造船舶合约的大型航运公司更容易成功上市。

由于投资者以及股票承销商普遍对航运业了解不足，缺乏航运业相关知识和经验，以及航运业不透明的惯例和商业业态，投资者对航运业股票的兴趣不大。

过去十几年里美国银行年利率持续下降，且由于市场愿意为高派息公司的市场价值支付较高的估值溢价，以及对收益增长的需求，导致美国资本市场中超过一半的上市航运公司由高派息或者全额陪息的航运公司组成。

4.1.3 产业基金

航运产业基金是专注于投资船舶资产、航运及其产业链上下游相关领域的基金。航运产业基金主要投资于市场需求量大、回报率高以及国家经济战略发展急需的船舶，如大型油轮、散货船，以及液化天然气船、液化石油气船、滚装船、半潜船等科技含量高的特种船舶。

4.1.3.1 航运产业基金的分类

(1) 按组织模式分类

按照组织模式的不同,航运产业基金的分类可以分为航运有限合伙制产业基金、航运契约制产业基金、航运公司制产业基金。航运有限合伙制产业基金是两个或者两个法人通过具体的协议来投资,不管是盈利还是亏损全部共同承担。航运契约制产业基金又称航运单位信托基金,由航运投资人联合起来共同出资成立基金管理企业,通过委托代理关系来融资。航运公司制产业基金指航运基金公司利用股票、债券,按照投资额度来实现融资。

(2) 按基金设立方式分类

按照基金设立方式的差异,航运产业基金可分为航运开放式基金、航运封闭式基金。航运开放式基金是发起人成立基金时基金的具体股份数不确定,按照投资者的实际需求随时调整、改变以及赎回。航运封闭式基金指的是发起者在成立基金时严格规定基金的具体股份数,当资金股份数筹集到后基金将强行封闭,不准进行再融资。航运开放式基金是最常见的航运产业基金运作模式。美国、英国以及我国香港等航运开放式基金超过90%。对比航运封闭式基金,航运开放式基金在市场约束力、流动性、投资方便利度等方面优势明显。

(3) 按基金投资主体分类

按照基金投资的主体不同,航运产业基金可分为政府引导型基金、合资型基金、专业型基金、联合投资基金。政府引导型基金是指政府借助政策、补贴等方式,引导社会资金集聚到航运产业中来。合资型基金是由政府和企业合作,各自出资,共同设立,共享收益的基金。专业型基金是由专业航运产业基金公司设立,并且汇集各方资金进行投资的基金。联合投资基金是由多家机构联合出资,既有政府出资的公共资金,也有社会资本、金融机构等出资。

(4) 按基金募集方式分类

按照基金募集的方式不同,航运产业基金可分为航运私募基金和航运公募基金。航运私募基金为定向发行,利用非公开的形式直接向特定投资群体展开募集。航运公募基金以公开发行方式向社会公众进行募集。

(5) 按基金融资方式分类

按照基金融资方式的不同,航运产业基金可分为航运股权式基金与航运债券基金。

4.1.3.2 航运产业基金的国际模式

(1) KG融资模式

KG融资模式（kommanditgesellschaft），特指在船舶融资领域中的一种合作模式，起源于德国。KG融资模式是指由合伙人或股东组建的一种商业合伙公司。KG基金通过发行债券或者股票等方式募集资金，加上银行抵押贷款进行航运业和造船业投资。其中至少一名合伙人承担无限责任，其他合伙人则以出资为限承担有限责任，成为有限合伙人。KG融资模式中船舶所有权和经营权分离，即真正的船东和船舶受益使用人不是同一人。KG融资模式中船舶用期赁的方式租给承租人，由承租人交租金，其租金收益在支付运营成本和偿还本息后，剩余资金用于分红。KG基金是单船基金，每一只基金对应一艘船。在KG融资模式支持下，德国船队迅速扩张，且在全球集装箱融资领域具有重要地位。

KG融资模式的优势：

一是以较少的资金获得船舶的长期使用权。通过KG融资模式，发起人只需投入5%~10%的少量资金，就可吸收投资者资金和银行等金融机构借款，达到购置船舶的目的。在KG融资模式中，银行贷款所占比重为50%~65%，私人投资比重为35%~50%。

二是船舶吨位税收支持。KG融资模式下，企业可以通过加速折旧的方式获得税收优势，在德国，固定资产按直线折旧法在12年后将资产折旧完毕，而KG基金可在5年内提取新船建造成本40%作为加速折旧，大幅提高折旧速度，可进行合理避税。同时由于是按实际发起人和投资者获得的利润进行纳税，而不是用企业作为纳税主体后再各自缴纳所得税，因而可减少税收环节。KG基金所得税是基于船舶的净吨位，而不是公司所得税，从而减轻了航运公司税务负担。但享受吨位税的航运企业必须设在德国，同时该企业的船舶必须在德国登记，并雇佣一定比例的德国船员。

三是航运企业可获得船舶管理费用。KG基金的发起人通常为航运企业或船舶管理企业，通过管理船舶，在获得船舶使用权时，还可获得船舶管理费用。

四是利益保障。KG 基金的发起人保障银行利益和抵押权；经纪人和赞助商保障造船企业的利益；船舶管理人保障资产；租船经纪人保障期租合同；KG 基金保障投资人、信托和有限责任的一般合伙人的利益。

KG 融资模式的发展现状：

2008 年国际金融危机爆发对 KG 融资模式造成巨大冲击，少了金融机构的支撑，德国航运业开始萎靡不振。2015 年，KG 融资模式对集装箱船新订单的贡献萎缩至 2%。但是，德国 KG 基金能充分利用民间融资渠道，利用有限合伙企业进行船舶融资，因此德国船东仍是集装箱船独立船东中的核心力量，这些船东的存量船舶资产多以 KG 融资模式获得融资。

（2）新加坡海运信托基金模式

新加坡海运信托基金模式是海运信托基金在股票交易市场上市进行公开发售，招募公众资金注入。股票持有者从上述交易活动获得的收益中分得红利，海运信托经理根据每年收益和基金价值获得报酬。基金交由海运信托经理管理，通过收购航运企业船舶，再将船舶反租给航运企业来进行经营活动。海运信托经理在海事信托基金中担任重要角色，一方面委托船舶管理公司对基金船舶进行管理，另一方面拥有基金管理权并获得部分管理收益。

信托基金模式的优势：

一是降低海运企业税收负担。首先，新加坡政府 MFI 计划针对海运信托基金等的经营给予免税支持。MFI 规定船艇租赁公司、船务基金或船务信托在 10 年优惠期内买下的船只所赚取的租赁收入，只要符合条件，将永久豁免缴税，直至相关船只被售出为止。负责管理船务基金或公司的投资管理人，获得的管理相关收入，只要符合条件可享有 10% 的优惠税率，为期 10 年。MFI 计划没有限定船舶类型，除集装箱船外，用于散货、石油和天然气运输的其他类型的船舶均可以申请加入优惠计划之中。其次，新加坡发布海事金融激励计划，在激励期内，特许船舶投资机构购买的任何船舶在整个寿命期免征所得税。这种税收优惠安排使得潜在投资者能对税收有确定的可预见性。

二是降低船舶经营成本。基金的折合利息低于银行贷款利息，因此与德国 KG 融资模式等其他船舶融资方式相比，海运信托基金模式更具有降低船舶经营成本的优势。

三是弱化海运企业融资风险。海运信托投资基金可以减轻金融财政政策的影响，绕开银行贷款的众多规则限制，实现船舶全部融资；可以通过事先约定的租金获得收益，避免了运价波动的直接冲击；实现了风险社会化，吸收公众投资的注入，使其摆脱了传统船舶融资模式引发的不利后果，扩展了航运企业的生存空间。

四是维护公众投资人正当收益。船舶租赁公司和船务信托对潜在投资者，特别是社会公众投资者具有更强的吸引力。信托基金成立初期，专业船舶管理公司运用航运知识、管理经验和运营网络管理基金，降低了航运风险，第三方航运企业的资产注入，在最大限度上维护股票持有者的正当收益。

海运信托模式的发展现状：

海运信托基金改变了传统"贷款买船，营运还本息"融资模式，使融资主体由船舶公司和银行转向机构投资者和大众散户。目前，新加坡有太平海运信托、Rickmer 海运信托以及 FSL 海运信托等业务，均是在公开市场运作的海运信托融资运作模式。

（3）伊斯兰基金模式

伊斯兰基金将西方现代金融工具、机构和市场的功能嵌套在伊斯兰金融活动中，要求遵循伊斯兰传统合约的形式，通过对传统金融合约形式，如买卖、租赁、简单的合伙等加以调整来实现。伊斯兰基金是通过发行基金，集中投资者的资金，从事股票、债券、外汇、货币等投资，以获取收益的一种投资。其特殊性是受到教律和社会责任原则的约束，是信仰和金融结合的产物。

伊斯兰基金模式的优势：

一是稳定性很强。因其独特的投资领域要求，其收益率和稳定性在全球同类基金中表现突出。这是因为伊斯兰教不允许投资金融衍生工具等投机产品，有效避免了周期性金融危机所带来的损失。

二是伊斯兰基金以融资租赁为主。融资租赁是航运基金核心业务，也是最重要且最流行的投资方式，该方式有效消减了企业的财务成本，带来的收益也是稳定的、连续性的。

三是伊斯兰基金金融科技产品应用广泛。全球伊斯兰金融科技企业数量约为百家，各国伊斯兰银行及金融机构都纷纷推出依托数字平台、区块链的金融产品及服务，其中马来西亚、沙特阿拉伯率先在国内颁发了数字银行牌照，英国、澳大利亚及美国等国家也陆续推出诸如智能投顾平台、保险科技公司等伊斯兰金融科技企业。

伊斯兰基金主要的类型：

一是按照出资的方式，可以分为 Musharakah 股权合伙和 Mudarabah 财务托管两种模式。其中，Musharakah 股权合伙模式是指由两个或多个合伙人共同出资，按出资额享有投资项目的收益并承担相应损失。出资比例可保持不变或逐步减少，可由一个或多个合伙人逐步购买其他合伙人的投资，直至其成为对应资产的唯一所有者。Mudarabah 为一方提供资金，另一方为合伙的实际管理人。管理人提供他的劳动、专业知识等，以约定的方式使用资金。在合作项目结束后，出资方获得本金和约定份额的利润，管理人分配剩余利润。除因管理人有重大过失、疏于管理或违反约定而导致重大损失之外，出资方按照风险共担原则承担相应的投资损失。

二是按照契约的资本结构不同，可以分为租赁型债券基金、盈利分享型债券基金、股本参与型债券基金与预付型债券基金。其中，租赁型债券基金最为普遍。

伊斯兰基金发展现状：

伊斯兰基金投资于全球市场，2020 年伊斯兰基金增长率达 22%，其中沙特阿拉伯、印度、美国和英国的伊斯兰基金都保持两位数增长，占全球伊斯兰基金的 48%。股权基金与大宗商品和债券基金均表现良好。

4.1.3.3 航运产业基金的国内模式

（1）产业基金设立的条件

目前国内产业基金设立的条件如下。

①基金投资方向符合国家产业政策。

②发起人需具备 3 年以上产业投资或者相关业务经验，在提出申请前 3 年内持续保持良好财务状况，未受过有关主管机关以及司法机构的重大处罚。

③法人作为发起人，除产业基金管理公司和产业基金管理合伙公司外，每个发起人的实收资本不少于 2 亿元；自然人作为发起人，每个发起人的个人净资产不少于 100 万元。

④管理机关规定的其他条件。

(2) 主要的国内航运产业基金

①天津船舶产业投资基金。2009年中国首只船舶产业投资基金在天津揭牌投入运营。天津船舶产业投资基金定位于购建大型船和特种船，总规模200亿元，为永久存续基金，首期募集金额28.5亿元。基金拥有特种船、超巴拿马级干散货船、液化天然气船、液化石油气船、滚装船、半潜船、大型集装箱船和大型油轮等一批船舶资产，而在基础设施建设方面主要涉及船舶制造上下游产业以及其他相关产业。该基金为有限合伙制，主要有两大业务：一是以股权投资的方式与航运产业链上的企业进行合作；二是通过购买船舶并向外租赁获得租金。通过购建船舶并拥有船舶的所有权，依托多元化金融业务，以出让或租赁等方式运营，为航运企业提供股权、债权等投融资服务，是国际船舶市场的主流投融资模式。

②深圳绿色航运基金。2022年深圳绿色航运基金成立，该基金为政策性产业引导基金，总规模100亿元，分期筹措安排。基金首期投资人包括政府、国有资本及其他社会资本，并将按照市场化原则运营管理。投资领域主要包括航运及现代航运服务业。绿色航运基金成立的目的是充分发挥财政资金引导放大作用，辅以财政资金收益让利机制，广泛吸引社会资本投入，通过市场化投资运作，支持航运产业协同快速高质量发展，引导航运产业绿色、智慧和高端发展，参与全国和全球航运市场的资源配置和资产布局，提升深圳对全国乃至全球航运市场的辐射力和影响力，加快深圳全球海洋中心城市建设。

(3) 国内航运产业基金设立的现状

中国从2009年起，在上海、天津、青岛、广州、深圳等成立多家航运产业基金，包括中国船舶产业基金、上海航运产业基金、大连航运产业基金、浙江航运产业基金等。

2018年资管新规出台，基金募集较困难，尤其对于新成立的航运产业基金来说，很难从银行等金融机构获得资金支持。此外，国内航运产业基金多以政府主导为主，追求稳定回报，不追求高额利润。在实际投资时以债权为主，但自2018年以来，基金合伙企业不允许做委托贷款，此外航运产业基金的股权投资退出渠道不畅通，缺乏有效的IPO案例，导致退出困难。总之，国内航运产业基金的运作难度较大。

4.2 权益资金融资方式的优劣势比较

4.2.1 股票上市的优劣势

上市企业筹资优势明显，比起同样的非上市企业有着更高的市场价值，企业的信息透明度更高，有更好的信用可以带来更好的供应商和客户合同，更能吸引和留住高级管理人才，良好的声誉也吸引更多的资金提供者，这样使得企业在筹资方式选择上更为灵活。但是，上市企业筹资劣势也很明显，上市有大量的要求，费用巨大，且如果发行不成功，在路演等过程中产生的费用将无法收回；上市后企业将面对更大的透明度，可能泄露商业秘密，降低有更严格的议价能力，公众对上市企业的管理者行为、报酬以及作用的监督，上市企业需要服从政府、公众以及相关部门不断增强的管理监督。

4.2.2 内源性融资的优劣势

内源性融资来源于企业自有资金，使用时具有较大自主性，基本不受外界制约和影响。与外部融资相比，内源性融资不需要支付券商费用、会计师费用、律师费用等，因此成本较低。利用未分配利润进行融资不会稀释原有股东的每股收益和控制权。留存收益融资可能使股东获得税收上的好处，如通过股价上涨代替股利收入，所缴纳的资本利得税可能低于个人所得税。但是，内源性融资受企业盈利能力和积累的影响，融资规模受到限制，不适合大规模融资需求。

4.2.3 航运产业基金的优劣势

航运产业基金设计灵活，包括直接出资参股、实物投资、资产证券化和上市等多种渠道获得投资资金，可在船舶的融资、建造、船舶管理和运营等各环节显著降低投资成本，有效提高投资回报率。同时将船舶转化为金融产品，船舶基金将与造船企业互利合作，通过签署长期的稳定船企订单、承接弃船，以与承租人签订良好的长期租金合同，有效连接航运企业等船舶承租人。船舶基金扮演着一种产业链整合者的角色，可为产业资本、金融资本以及社会资本的有效融合提供一个崭新的平台，推动投资需求，推进产业链整合。船舶基金扮演了连接点的角色。但是航运产业基金受宏观经济、贸易政策以及地缘政治等多重因素的影响，存在较大的市场风险。同时政策的不稳定性也给航运产业基金的发展带来了不稳定性。

总之，不同的权益性融资方式各有其适用场景和限制，企业在选择融资方式时，需要根据自身的财务状况、发展需求、市场环境以及风险承受能力来决定最适合的融资策略。

4.3 选择权益融资方式通用方法

近年来，国际航运市场状态趋于稳定，融资选择越来越多样化。对于航运来说，每一种选择都具有独一无二的优势，产生独有的影响，决定使用哪种方式或者方式组合取决于很多因素。

国际上一般会采用 FRICT 法，主要是分析五个重要因素，即灵活性（Flexibility）、风险（Risk）、收入（Income）、控制（Control）和时机（Timing）。航运企业可获得的融资结构取决于以下因素：借款人的信用状况、所提供的担保水平、现金流偿债能力、现金。

信用评级由信用评级机构发布。三大信用评级机构是穆迪、标准普尔和惠誉国际，三者共控制着国际信用评级95%的业务。根据航运企业的信誉发布信用，评级范围最佳为 AAA，最差为 D。惠誉或标准普尔的 BBB-（穆迪为 Baa3）评级被认为低于投资登记或者存在投资风险。评级是决定企业可否成功融资的关键指标。

航运企业在获得融资时，遵循这样的规律：信用状况越好，获得融资的机会越大，可选择的融资方案越多。航运公司规模越大、信用越好，可以获得的融资产品越多。总之，市场上顶级航运公司所采用的融资方案，与市场中端与低端航运公司可获得的融资方案迥异。

4.4 航运企业并购重组

4.4.1 航运企业并购重组的原因

2008年，全球金融危机导致全球航运企业均出现程度不等的亏损，为了扭转连年亏损的局面，国际航运企业通过航运联盟、并购重组、港航协同等方式提高企业竞争力。并购重组在这十多年来更是成为国际港口航运市场发展的大趋势。国内也出现了大大小小众多的并购案例。航运企业并购重组的主要原因如下。

（1）实现规模经济

航运业是一个规模经济影响明显的行业，特别是在行业低迷的时候，通过两家或两家以上的企业合并重组能够有效降低成本，全面增加航线覆盖率，提高航运企业运力效率，减少单位运输成本从而节省大量资金。横向并购，可有效提高航运企业运力和市场占有率，是目前航运企业最常见的并购行为。特别在航运需求下降、船舶资源过剩的情况下，航运企业通过并购可有效实现本产业资源合理化分配的目的。在区域竞争中，当区域内企业遭受区域外企业的强烈渗透和冲击的情况下，企业间可通过并购对抗外来竞争。

（2）业务多样化

在资源互补、业务的前向或后向相互衔接的航运相关公司之间发生的纵向并购行为，可以快速让航运企业冲破行业壁垒，让航运产业和业务横跨几个行业，获得几个行业的特定技术、资产及能力，实现产业结构优化以及生产经营一体化，并分散投资风险。

（3）协同效应

并购重组后新公司会通过企业业务、资产、财务等方面的结构性调整，实现船队、箱队、码头、航线结构全面资产优化和管理优化，同时统筹布局剥离弱势业务和加强核心业务，降低物流成本。一般来说，协同效应可以分为收入协同效应和成本协同效应，前者是由于业务整合导致收入增加；后者是业务整合导致成本降低。协同效应是并购重组考虑的关键因素。

（4）追求快速发展

通过兼并，充分利用被并购企业的资源，企业可以短时间内获得新的航线资料，也可以迅速进入某项新业务，取得对方码头、市场、先进科技和市场营销渠道。并购结果见效快、投资时间短，可有效减少投资风险，降低投资成本。

（5）提升创新能力

并购重组可以帮助航运企业获取新的技术、知识和人才，提高创新能力和竞争力。通过并购具有航运技术和研发优势的企业，航运企业可以快速获得先进技术，提升自身技术水平和研发实力。

4.4.2 航运企业并购重组的过程

虽然航运企业并购重组的过程各有不同，但大致可分为四个阶段：准备阶段、并购早期阶段、收购阶段和并购后整合阶段。

（1）准备阶段

该阶段往往在公司内部完成。企业需要在详细考虑与其内生商业模式相关增长机遇和挑战的基础上，制定并购战略，为潜在的目标公司规定目标和标准，包括资产质量、战略适应性、管理经验与管理水平、客户的重叠度、资源和能力、盈利水平和近几年财务表现、组织文化、规模和市场份额、现金流、资本支出需求、客户集中度、目标公司主营地区以及可实现的协同度，并进行战略可行性与投资吸引力评估。然后确定详细清单，列出目标范围和标准范围内的所有潜在对象，依据并购战略列出的标准进行分析筛选，列出优先收购者名单。

（2）并购早期阶段

发出并购意向书，被并购方同意并购后，并购方就需进一步对被并购方的情况进行核查，以进一步确定交易价、并购吸引力以及其他条件。并购方要核查的主要是被并购方的资产，特别是土地权属等的合法性与正确数额、债权债务情况、抵押担保情况、诉讼情况、税收情况、雇员情况以及章程合同中对公司一旦被并购时其价款、抵押担保等内容。并购方要对并购业务进行全面风险评估，确定并购后人员、法律、商业、财务、技术和其他风险，并评估并购后新公司的估值、投资回报，在涉及船舶以及船舶运营商的并购中，还需要考虑核查船舶的适航性、质量、性能，以及与运营船舶以及船舶运营商有关的租船以及商业安排。核查资料后就可以进入谈判环节，谈判主要涉及并购的形式、交易价格、支付方式与期限、交接时间与方式、人员的处理、有关手续的办理与配合、整个并购活动进程的安排、各方应做的工作与义务等重大问题。谈判同意，并购就可依法就需要召开并购双方董事会，签订并购合同，形成决议。

（3）收购阶段

收购阶段主要完成交割和整合，包括完成资产和经营管理权的转移，办理相关的产权变更手续，并在业务、人员、技术等方面进行整合，双方发布并购公告。

（4）并购后的整合阶段

为了使并购完成后能迅速建立起相应的管理体系，并购方在兼并收购完成后可派驻人员对被收购企业进行重新改造，包括及时更新领导班子，力争实际控股。通过外派干部的运作，将原公司的目标管理体制移植到被收购企业，塑造企业文化，造就一些有共同价值观和共同理念的员工干部，实现双方的融合，体现规模优势。并购方还需要统筹兼顾加强成本管理，以取得良好的收入协同效应和成本协同效应。

4.4.3　航运企业并购重组的经验

（1）重视并购融资风险的管理

相比于其他权益融资行为，企业并购重组将更复杂，风险也更多元，需要航运企业在并购融资之前建立成熟的风险预警评估体系。航运企业要掌握充足的信息并保持政策敏感度，对并购融资过程中的风险进行实时的预警和监管，避免信息不对称，最大程度地做好并购融资风险的预防措施。

（2）重视并购后的生产要素整合

并购后的航运要素整合是产生良好规模、协同等效应的关键。因此，需要充分考虑并购的必要性和可行性；需要有强大的管理层，能引领公司团结一致，愿意就公司实际情况以及克服的挑战方案等信息，公开透明地提供给利益相关者；需要委托重组经验丰富、了解航运业的财务顾问以及律师，在并购后的生产要素整合过程中联合协商；必要时要及时更新领导班子，以实现并购和被并购公司真正融合。

（3）重视外部资本的作用

航运业并购重组往往需要巨额资金。银行在所有的重组中发挥重要作用，通过过桥资金、暂缓支付全部或者部分借贷资金、债权转化为股权、折扣以及支付实物等方式协助航运企业顺利实现并购重组。而其他利益相关者，如政府可提供财政补贴、低息贷款等优惠政策，船厂可向新造船舶提供卖方信贷，管理层或者雇员可以降低薪酬等，为并购重组提供外部资金支持。

4.5　航运企业联营

航运企业联营是指两个或更多的航运公司为了实现特定的商业目的，通过整合它们的部分运营，设定联合控制的一种安排。这种安排可能构成一个独立的商业实体，也可以是一种较为松散的合作关系。目前大概有5%的全球油轮运输队和大约10%的全球干散货船队以联营的方式进行商业运营。

历史上，传统海洋国家里往往由小型的有航海背景的家族控制私营企业经营散货运输。这些小型且过于独立的实体，由于收益呈现出周期性且盈利不足的特点，因此难以进入资本市场。此外，需求不足的同时，航运企业还需要承担持有大型船队造成的成本。因此航运企业开始通过与石油、钢材、铁矿石以及粮食企业签订长期租船合约来增强收入的稳定性。这导致大型货物企业具有绝对的压倒性议价能力，航运企业处于谈判的劣势位置。航运市场进入前所未有的困难时期，航运公司很难从货物运输中获得收益，不得不靠船舶买卖业务获得利润。个别航运公司努力在航线配置、运价政策、服务水平、挂靠港口互补、船期协调、舱位互租，以及在运输辅助服务领域信息互享、共建共用码头和堆场、共用内陆物流体系等方面与其他航运公司增加投入和合作。在过去25年来，航运联营取得巨大进步，几乎遍及货物运输的各个环节，从运输、船舶管理、船舶运营管理到筹资；联营的范围除了干散货，还包括普通原油船、高端化学品船、液化石油气船、集装箱船。航运公司通过联营方式提供服务后，在保持独立性的同时，实现了资源共享、风险共担和利益共赢，提升盈利能力。

4.5.1 航运企业联营的原因

（1）增强市场竞争力

通过联营，航运企业可以扩大服务范围，增加开船频率，提高揽货能力，优化资源配置，能够更快地响应市场变化，从而提高市场竞争力。在市场低迷时期，航运企业通过联营可以维护运价，改善经营状况，满足客户的多样化需求。联营可以增强航运企业在面对客户和供应商时的议价能力，获得更大的知名度和更高的市场地位。

（2）降低运营成本

联营可以减少资本投资，通过共享船舶、码头、堆场等资源，共用内陆物流体系，提高资源利用率，降低单位运营成本，减少闲置损失，提高边际成本利用率。

（3）风险分散

联营有助于分散经营风险，特别是在航运市场波动较大时，可以通过合作伙伴共同承担风险。航运企业可以通过联营更灵活地应对如季节因素、战略转移等市场变化，且更大的船队对履行合同所需要的运力具有更高的信心，服务更具专业性、稳定性和可预测性。

（4）提高经营效率

通过信息共享、技术共享和统一规划航线，提高船舶及设备利用率，获得规模经济，降低固定成本和可变成本。航运企业可以集中精力于自己的核心业务，同时利用合作伙伴的专长和规模优势，提高运营效率。

（5）扩大市场份额

联营有助于航运企业扩大市场份额，开辟新市场，提高市场准入和话语权，增强在港口的影响力。还可以通过联营来扩大国际市场份额以及竞争力。

4.5.2 航运企业联营的组织架构

联营航运企业会签订《联营管理协议》,对船舶状况进行界定,对船东以及经营者的责任进行描述,然后由联营管理人根据《联营管理协议》为联营企业提供服务。联营管理人从联营的创始人中产生,联营服务人员从第三方雇佣或者由参与船东派遣。一般来说,管理人会独立于任何成员的,以确保在确定联营收益、租赁船舶等事项中公平对待所有成员。管理人主要的职责包括租船、运营、会计核算和报告。联营政策由联合委员会制定,联营委员会由所有成员代表组成,通常每季度召开一次会议。

所有的租金、运费、滞留费用以及其他船队收入都集中到联营账户中,所有的航次成本以及其他联营成本,包括燃料费、港口费、运河通行费、租金、代理佣金以及管理人员费用均从联营账户开支。联营账户一般由管理人运作。

4.5.3 航运企业联营的主要形式

(1) 营运联营

营运联营包括共同经营船舶、互租船舶、互换箱位、运力共享、设施共享或共享舱位,主要目标是提高服务水平,减少资本投资。成员不需要制定共同目标,独自进行公司决策,只需符合各自的长远规划即可。营运联营是最常见的航运企业联营方式。

(2) 财务联营

财务联营通过协定运价,限制价格竞争,维持运费稳定,规避来自市场运价波动的风险。在资本方面进行联营,如共同购买船舶和进行码头建设,规避重复建设,提高资源利用率;还可以控制联营企业的运输能力,避免运力过大,造成市场供过于求的局面。财务联营一般是比较深层次的联营方式,参与者有着长期的合作基础,但财务联营往往会导致独立航运公司自主地位的部分丧失。

(3) 物流联营

物流联营通过共用物流体系,如船舶仓位共享、集卡、铁路运输、码头,甚至托运人、报关机构的办公通道等物流环节共享，提高服务范围以及操作效率，加快决策反应速度。

4.5.4 航运企业联营的展望

《集运联营体豁免条例》（Consortia Block Exemption Regulation，简称CBER）是由欧盟年制定，最早于1995年起实施，后经修订，当前版本于2009年采用，并在2014年和2020年进行了延期。该条例为航运企业联营提供了一个法律框架，对其发展具有重要的推动作用。

CBER规定航运公司可在一定条件下签订合作协议，提供联合货物运输服务，如共享仓位、分配仓位等。在采用条例期间，联营体只要满足三个条件，就可以豁免欧盟一般反垄断规则：第一，不得限制价格、运力（除应供需波动调整市场）、销售条款、划分市场或客户；第二，市场份额不超过30%；第三，成员有权退出。制定CBER的目标是促进船公司之间合作，并保护航运业的有效竞争，最终使得成本降低、消费者获利。

基于CBER，世界上目前有三大集装箱航运联盟，分别是2M联盟、海洋联盟以及THE联盟。其中，2M联盟由地中海航运公司、马士基两家航运公司联合而成，海洋联盟由法国达飞、中远海运、东方海外和长荣海运几家公司联合而成，THE联盟由赫伯罗特、海洋网联船务和阳明海运联合而成。这三大联盟的集装箱市场份额在全球占比高达80%。联盟中的航运公司基本上会在积载、船舶分配、调度、运力等方面共享，但联盟业务不涉及共同销售、营销、定价或共有资产。

2024年4月CBER到期，欧盟认为CBER已经不能保护消费者利益，不能保证中小型企业公平公正与联盟竞争，因此决定不延长这一豁免期限，这意味着航运业免受欧盟反垄断规则约束的这一特殊待遇正式结束，运营欧洲航线的班轮联运体不再享受豁免，要和其他行业一样，受一般反垄断规则约束。基于船舶共享协议（VSA）的联盟可以继续运营，但船舶公司必须自行评估审查这些协议的合法性，欧盟有权终止协议并罚款，因此CBER的终止将给航运联盟带来更多监管不确定性。未来联营不一定终结，但是要更透明和自律。

基于当前技术进步、绿色化转型形势和行业动态，可预见航运企业联营将会是未来重要发展趋势之一。为了应对市场变化和提高竞争力，航运企业可能会进一步加深联营合作，通过资源共享和技术协同等方式加强合作。特别是随着数字化转型的推进，联营伙伴间的技术共享和创新合作将变得更加重要，通过提升整个行业的服务水平和响应速度，降低成本，提高行业效率。航运业也可能出现跨企业间的更广泛合作，加强在绿色能源、减排技术等方面的协作，形成多边联营网络，从而为客户提供更全面的服务，共同推动行业的绿色转型。

思考与练习

1. 主要的权益融资方式有哪些？
2. 股权融资方式有哪些特点？
3. 什么是内源型融资方式？
4. 航运企业并购重组的原因有哪些？
5. 航运企业并购重组的过程是怎样的？
6. 如何选择航运企业权益融资方式？
7. 航运企业联营的经验有哪些？

第 5 章　船舶投资

案例导入

据国际船舶网 2024 年 1 月报道：希腊船东在过去 10 年来总计在新造船和二手船领域投资 1360 亿美元，位居世界第一，占比约为 13%，包括新造船投资的 9% 和二手船收购的 4%。紧随其后的是中国船东，总投资额约为 1270 亿美元，占比约为 12%；同样占比约 12% 的美国船东总投资额约为 1260 亿美元，包括金额庞大的邮轮和海工船投资。值得一提的是，与古希腊船东相比，中国和美国船东的投资都更加集中于新造船。日本船东投资额排名第 4，占比约为 9%。

5.1　船舶价值评估

5.1.1　船舶价值评估的基本定义及方法

船舶价值评估是指对船舶价值（价格）进行评估的过程，以对船舶价值有一个较准确的判断或参考。船舶价格受到船舶基本参数（如体积、载重量、总吨位等）、设备配备、船舶当前状态以及船舶价格波动以及其他多种因素影响。因此，船舶价格评估并不是一个简单的过程，但可以通过一些船舶评估方法来帮助需求者实现这一目标。

船舶价值评估方法，从宏观层面，可以分为两类：定量方法和定性方法。

5.1.1.1　定量评估

定量评估方法按照一定的数学公式进行，基本上可以根据船舶的一些基本参数和市场价格进行计算,并得出比较准确的评估结果。定量评估方法主要包括收益率法、保值法和市场法。

收益率法是指以船舶未来收益作为评估基准,即以其预期收益最大值作为价格计算的方法,以公式为:

收益率 =(期望收入 − 本期投资)÷ 本期投资

收益率法以投资收益率设定一个合理的船价作为衡量标准。

保值法是指在投资后,以船舶购买价和折旧情况作为计算评估标准的方法。以公式表示:

船舶评估价 = 船舶购买价 ÷ $(1+折旧率^{折旧年数})$

保值法以船舶的购买价格和已经过折算的折旧情况作为衡量标准。

市场法是指以船舶特征和相似船舶交易价格作为参考,通过收集和分析船舶有关信息,消除价格波动,考察市场供需因素和预期回报,最终达到对船舶价格评估的方法。

5.1.1.2 定性评估

定性评估方法指的是根据船舶的实际情况,运用人的直觉、情感与判断,从船舶的各种方面,如船舶外形特征、船舶维修状况、船舶周围的就近情况,以及国内外开展的外贸情况等,进行观察、分析、比较和评估,然后给出一个大致的评估价格。

通常,船舶价值评估是一个复杂的过程,采用多重组合方式可以更准确地估算船舶价格。从定量的角度把握船舶本身的合理价格,参考船舶同质船的价格,同时不放过任何市场价格变化,将其纳入到船舶价格评估中,这样就可以准确地评估船舶的价格。

5.1.2 船舶评估需参考的基本范围、内容及过程

船舶评估是对船舶价值、性能和可靠性等方面进行综合评定的一项工作,其目的是确定船舶的市场价值,为船东或买家提供决策参考。

5.1.2.1 船舶评估通常应综合考虑的各种因素

（1）船舶实物评估

船舶的实物评估主要包括船舶的外观、结构、设备、机械性能等方面的评估。评估人员会对船舶进行实地勘查，检查船身、甲板、船舱、船舶设备、机械系统等部位，了解船舶的实际情况。根据船舶的年限、使用情况、维护状况等因素，评估人员会对船舶的实物价值进行评估。

（2）船舶市场评估

船舶市场评估主要是基于市场需求和供给等因素对船舶进行市场价值评估。评估人员会对船舶市场行情进行研究，了解市场上同类船舶的价格水平和交易情况，结合船舶的实物评估结果，综合考虑市场的供需关系和预测市场趋势，评估船舶的市场价值。

（3）船舶收益评估

船舶收益评估主要是对船舶的经济效益进行评估。评估人员会根据船舶的航线、运输量、运输价格、成本等因素，计算船舶的收入和支出，综合考虑船舶的经营风险、未来盈利能力等因素，评估船舶的经济价值。

（4）船舶技术评估

船舶技术评估主要是对船舶的技术性能和可靠性进行评估。评估人员会对船舶的船舶设备、机械系统等进行分析，考虑船舶的技术状况、维修保养情况、使用寿命等因素，评估船舶的技术价值和可靠性。

5.1.2.2 船舶评估前期应开展的工作

（1）基本资料收集

在船舶评估的前期需要提供很多相关资料，在我国，以中华人民共和国船舶所有权登记证书复印件、船舶检验证书复印件、国籍证书复印件这三个证书最为重要，是必须收集的资料。因为航运业具有完善的登记、检验制度，这三个证书一般都记载了船舶评估中所需要的相关精准数据。吨位、适航、载重线、生活污染等证书，也应当收集，这些可以充分反映船舶设备、性能、适航、安全、环保等情况，为船舶评估提供更健全的数据。一定要确保这些所有证书应处于有效期内，以保证此船舶在适航期内。另外，船舶所有权、登记项目的变更（如吨位变更、功率变更等）一定要保证是最新更新的。

(2) 其他资料收集

在评估过程中，会经常遇到一类船舶，或构造很复杂，或造价要比同类型同大小的船舶高很多，很多设备在船检报告上是不会体现的，而造船的材料也有可能和普通船舶有所不同。这类特殊船舶，因评估的工时费、材料费、设备费等其他费用和普通船舶不一样，除了以上需提供的基本资料外，还要额外提供建造合同、明细账及凭证、船舶施工图纸、设计说明、材料设备清单以及技术规范资料、核心部件的购置发票，相关保险证书、船舶的日常维护、改造、大修及年审情况的相关资料、船舶图纸及驾驶操作说明等详尽资料。

(3) 查勘现场

前期提供了相关资料后，接下来的工作就是现场查勘。查勘也是至关重要的。常规查勘一般如下：

①船上查勘。不仅靠眼睛简单地查勘，还应该向船上人员打听船舶的重要设备的现状，并作详细记录，注意和已掌握的相关资料对比，拍摄清楚设备铭牌，核实生产日期与厂家及型号是否能和船检证书上一致。

②拍摄照片。主要是对船舶全貌，船号、驾驶台、甲板、舱壁及主辅机、发电机、装卸设备、系泊设备、通信导航设备、起重设备、货舱口、船舶内部等重点部分进行拍照。

因此，从船舶评估的过程来看，其方法主要包括实地勘查、查阅资料、市场调研、经济分析、技术分析等方面。评估人员会对船舶的实物进行详细观察，查阅船舶的档案资料、维修保养记录等，了解船舶的历史和使用情况。同时，评估人员还需要对市场行情、经济环境、技术标准等进行研究和分析，综合考虑各个因素对船舶价值的影响。

船舶评估的结果通常以报告的形式呈现给委托方。报告会详细说明船舶的实物价值、市场价值、经济价值、技术价值等，并给出相应的评估结论和建议。船舶评估的结果对于船东或买家而言具有重要的参考价值，能够帮助其做出明智的决策。同时，船舶评估还对于金融机构和保险公司等提供相关服务的机构具有重要的参考价值。通过船舶评估，可以提高船舶市场的透明度，促进船舶交易的顺利进行。

5.1.3 船舶价值评估采用的主要方法和应用实例

5.1.3.1 船舶价值评估采用的主要方法

船舶评估综合了资产评估、造船、航海、经济学、保险公估、物证鉴定、法律等专业学科的知识。船舶评估的特点体现其特殊性和专业性，技术关联性多、综合性强、涉及面广，是集技术和知识密集型的新兴服务业。目前船舶价值评估的主要方法有成本法、市场法，一般不采用收益法。

（1）成本法

成本法是指首先估测被评估船舶的重置成本，然后估测被评估资产已存在的各种贬损因素，并从其重置成本中予以扣除而得到被评估资产价值的各种评估方法的总称。通俗点讲，就是先估算出重置全价，然后结合综合成新率计算出最终的评估价格。这种评估方法得出的评估能较客观地反映船舶价值，也是目前行业主要的船舶评估方法。

（2）市场法

市场法是依据已成交的和委托评估船舶的船龄、船型、载重吨等相似船舶价格估算，也可向船舶经纪公司寻价。目前国际船舶市场已具有相当的规模，交易较活跃，船舶经纪公司较多。但交易船舶的船龄、状态和技术性能、设备配置等信息仍难以掌握。此外，交易时间、市场环境的影响也难以合理量化，实务中单独采用市场法评估船舶价值的也较少。

（3）收益法

收益法是预计船舶在尚可使用年限内每年的营业收入（包括预测货运量和运价）和营业支出（港口使费、燃油费、机油费、船员工资、修理费、管理费等），通过计算净现金流量并按适宜的折现率折现得到的现值即可认为是船舶的现值。这种方法一般适用于航线固定、货源稳定的船舶。从理论上来说，船舶作为具有独立盈利能力的固定资产是可以采用收益法进行评估的。

但是，评估师普遍认为，采用收益法决定一艘大型船舶的公允市场价值几乎是不可能的，除非它是一个单船公司，且公司有关船舶运行的记录完整。但通常所评估的大型海船都处于一个船队之中，船队的经营范围往往又是世界级的，拥有许多分散的办事处和无数的代理，其有关抵押贷款和营运资本也都是一些模糊的数据，实在难以采用收益法进行评估。而且大多数航运公司也不愿意向外界提供被他们看作是机密的营运成本。

在船舶价值评估中，一般是同时采用成本法和市场法。所以在评估的前期工作中必须兼顾这两种方法的需要，同时搜集成本、费用和收益等各方面的数据。这些数据包括以下5个方面。

①历史成本，可以从建造者手中获得。如在美国，根据其信息自由的法律，由于海船涉及政府的担保和补贴，因此可以从海事管理机构获得有关评估海船的官方信息。在获取此类信息的起初，可能会觉得有些麻烦，但由于获得的是权威数据，因此还是非常有价值的。

②重置成本，可以从建造者手中获得，但也要谨防被高估的风险。

③可比较的售价，通常可以从船舶制造商、船舶交易经纪人和有关水运的出版物中获得。在一些有关海运的出版物中，提供了当前所出售船舶的名录与售价。

④船舶营运的收益和费用数据。此类数据虽然较难获得，但在评估中是很有用的。

⑤一些特殊情况的信息，如市场环境状况等方面的信息。

5.1.3.2 船舶价值评估应用实例

很多评估师会运用一些特定公式来计算船舶的重置成本。在计算一艘船舶所使用钢铁材料的重量、外壳板面积、船内表面面积时，通常采用一些特定公式。例如，在计算船体和框架的近似钢铁材料的重量时，在美国有如下的公式：

钢铁材料重量（磅）= 船舶总长（从船头到船尾）×（型宽）船体最大宽度 × 型深 × 0.0025 × 2240

式中的乘数 0.0025 是美国海军舰艇计算使用钢铁材料重量时的转换系数，它可将船体单位为立方英尺的总容积转换成单位为长吨的船体所使用钢铁材料的重量。另一乘数 2240 是 1 长吨的磅数。当对于特殊的船体（如装备重型起重设备的货船、装备增压舱的船舶或浮式干船坞）时，应将乘数 0.0025 略微上调。

对于这一公式计算得到的钢铁使用重量，可以用一种简便方法进行检验，即以船体舷侧板、底板、甲板和舱壁的总面积,乘以适当的重量换算系数(例如,1/4 英寸厚的每平方米钢板的重量为 10.2 磅),就可以得到整个船体所使用钢板的重量。由于在这一计算中未将船舶龙骨的重量计算在内,所以由上述公式计算的结果比这一计算的结果大 35% 左右。

此时就可以将此以磅为单位所使用钢铁的重量,通过转换系数,得出以美元为单位的船舶价格。这个转换系数考虑了船体整个结构的材料成本和人工成本。但因船舶种类不同,转换系数值也不相同,变化幅度从一般船舶的 0.75~1 美元/磅到普通货轮的 1.5~2 美元/磅。这个价格变化幅度取决于使用钢板的平均厚度、形状复杂程度和市场状况。此外,船舶制造合同中的船舶数量和其他一些因素也会对这一转换系数产生影响。

还有一些公式可以被用来计算舱容、轴系重量和所需锚的个数与船体喷砂除锈与油漆的面积。根据数据乘以适当的单位价格,也可得到船舶制造的重置成本。

5.2 新造船舶投资

5.2.1 国内外造船行业总体发展历程

造船行业具有明显的周期性。第二次世界大战后第一个周期顶点是 1972 年,上行周期是 1970—1973 年,历时 4 年;第二个周期是 1988—1991 年,历时 4 年;第三个周期是 2003—2007 年,历时 5 年。造船业在这些年都取得了业绩高增长,主要基于造船业显现供需失衡、环保新船供不应求的原因。

近几年来,造船业发生了重大整合,目前世界上 75% 的造船产能掌握在少数造船集团手中。在中国,中国船舶集团、中远海运重工集团和扬子江船业集团掌握近 66% 的造船产能,比例分别为 41%、14%、10%。韩国三大船企掌握了 92% 的韩国造船产能,包括现代重工集团 49%、三星重工 22%、大宇造船 21%。全球造船厂数量呈下降趋势,从 2007 年的约 700 家降至目前约 300 家,在此过程中全球造船产能也伴随收缩,目前全球每年能够建造和交付约 1200~1300 艘船，远低于 2005—2010 年平均约 2000 艘的产能水平，而全球航运业需要更新 2005—2011 年交付的大约 11891 艘旧船，因此船厂产能供应相对有限。

从蒸汽机的产生，到计算机的广泛应用，以及信息技术的发展，船舶建造一直是跟踪世界先进技术的主要行业。计算机信息技术、现代通信方式、新材料技术、新能源技术等都是在它产生不久即投入到造船、建港及国际航运之中，未来还将有更多的高新技术在船舶中得到应用。由于各种运输方式激烈竞争，服务对象对于时间的要求越来越高，社会公众对于安全、防止海洋污染更加关注以及船舶经营者努力降低成本等因素，21 世纪船舶技术将向大型化、专业化、智能化、快速化及防污性能良好的方向发展。

5.2.2　国内造船行业总体现状及发展前景

造船行业具有广阔的发展前景，从全球贸易和航运市场的复苏来看，随着全球贸易的稳步增长和航运市场的复苏，船舶需求量将逐渐增加。此外，船龄到期和新环保政策也将带来替换需求，进一步推动造船市场的繁荣。国际造船市场高度市场化，全球造船市场高度发达且透明，市场化程度非常高，商业造船领域的订单和盈利，几乎不受地缘政治关系的影响。

中国造船业在全球市场上所占的比重正在明显上升，已经成为全球重要的造船中心之一。中国造船企业具有强大的生产能力和技术优势，能够满足国内外市场的多样化需求。特别是军民融合模式，军用舰船研发制造需求持续推动并引领中国造船业的技术进步，军民融合的造船业发展模式为中国造船业的持续稳健成长注入了持续且强大的竞争优势。

作为我国国民经济发展和国防安全的重要产品，船舶制造行业为海洋开发、航运交通、能源运输、国防建设等领域提供必要的技术装备，是我国制造业中不可或缺的重要组成部分。船舶制造位于船舶产业链的中游，包括船用配套设备、造船厂、拆船厂等；其上游为生产船舶所需要的原材料，如造船板、油漆、电缆等；下游是承担海上运输贸易的航运业。

随着我国海运技术的快速发展，现代船舶的类型越来越丰富。船舶按照使用需求总体上可以分为军船和民船两大类，其中民用船按用途可以进一步划分为海洋工程船、运输船等，运输船占据市场主要位置。从各类船型的载重吨位来看，同属于运输船的干散货船、油船、集装箱船这三种船型的载重吨位合计占比达到 90% 左右，是现阶段全球的三大主流船型。

作为战略性支柱产业，中国船舶工业发展在政策指引下不断提速。进入 21 世纪后，船舶工业的战略地位进一步提升，并且在强力的产业政策支持下进行自主化和产业转型升级。近年来，随着我国航运业的稳步发展，国内各大造船企业发展持续向好，造船完工量、承接新船订单、手持船舶订单等总体上也保持增长态势。2022 年我国船舶制造行业经济运行总体平稳向好，三大造船指标呈现出一升两降态势。造船完工量共计 3786 万载重吨，同比下降了 4.6%；新接订单量共计 4552 万载重吨，同比下降了 32.1%；截至 2022 年 12 月底，我国船舶制造手持订单量达到 10557 万载重吨，同比增长了 10.2%。

2023 年以来，我国船舶制造行业持续发力，推动三大造船指标高速增长。2023 年 1—5 月我国造船完工量达到 1647 万载重吨，较 2022 年同期上涨了 15.4%；新接订单量共计 2645 万载重吨，较 2022 年同期出现大幅上涨，同比增速达到 49.5%；截至 2023 年 5 月底，我国船舶制造业手持船舶订单量达到 11799 万载重吨，同比增长了 15.5%。2023 年 4 月，交通运输部表示，将持续强化船舶水污染治理工作，稳步拓展清洁能源和新能源的应用，为促进现代航运业低碳绿色发展和高效转型发挥示范性引领作用。随着我国船舶制造行业节能减排力度持续加大，行业将会稳步推进转型升级，在绿色环保理念的不断深化下，我国船舶制造行业将会得到更为健康、有序的发展，推动三大造船指标持续提升。

"中国船舶"整合了中国船舶集团旗下大型造修船、动力及海洋工程等业务，具有完整的船舶行业产业链。中国船舶旗下有完整的船舶产业链，包括大型造船厂江南造船、外高桥造船、广船国际、中船动力、中船澄西等。"江南造船"是中国历史最悠久的大型工业企业，民品主要是以超大型集装箱船、液化气船、特种船为主，军品方面做到了水面和水下舰艇全覆盖。"外高桥造船"是纯民品的造船企业，主要是以散货船、游轮、集装箱船为主。"中船澄西"是国内修船行业的龙头，被业界称为五星级修船厂，产品以散货船、木屑船为主，此外还有风塔业务等。据国际船舶网，中船动力集团是国内一流的动力企业，在 2020 年，"中船动力"的低速机国际市场占有率就达 20%，居世界第二；截至 2022 年，国内市场占有率 70% 以上。"广船国际"是华南地区最大的军辅船生产和保障基地，民船主要是以集装箱船、成品油轮为主，军品方面制造过医疗船"和平方舟"号、补给舰等。

5.2.3　国内船舶鼓励与淘汰类投资目录

2023年12月1日，国家发展和改革委员会发布《产业结构调整指导目录（2024年本）》（以下简称《目录》）。

该《目录》中鼓励类主要是对经济社会发展有重要促进作用的技术、装备及产品；限制类主要是工艺技术落后，不符合行业准入条件和有关规定，不利于安全生产，不利于实现碳达峰碳中和目标，需要督促改造和禁止新建的生产能力、工艺技术、装备及产品；淘汰类主要是不符合有关法律法规规定，严重浪费资源、污染环境，安全生产隐患严重，阻碍实现碳达峰碳中和目标，需要淘汰的落后工艺技术、装备及产品。

《目录》坚持把发展经济的着力点放在实体经济上，推进新型工业化，加快建设制造强国、质量强国、航天强国、交通强国、网络强国、数字中国，加快构建具有智能化、绿色化、融合化特征和符合完整性、先进性、安全性要求的现代化产业体系。政策导向是推动制造业高端化、智能化、绿色化，巩固优势产业领先地位，在关系安全发展的领域加快补齐短板，构建优质高效的服务业新体系。

列入鼓励类目录的船舶及海洋工程装备，包括：

①绿色智能运输船舶：适应绿色、智能、安全要求并满足国际造船新规范、新标准的船型；

②清洁能源和新能源船舶：LNG动力、纯电动、燃料电池动力船舶等，甲醇燃料、氨燃料、生物质燃料等替代燃料动力船舶；

③特种船舶和特殊用途船舶：挖泥船、港口作业船、物探船、铺管船、起重船、三用工作船、守护船、供应船、海上风电安装（运维）船、潜水支持船等工程船，海洋调查船、科学考察船、深海试验船、重型破冰船、医院船、应急救援船、打捞船、公务船、远洋渔业捕捞船、远洋渔业运输（加工）船、潜水器和无人船艇等；

④高性能船舶：气垫船、小水线面双体船、多体船、穿浪船、水翼船、地

效翼船等；

⑤海洋工程装备：深远海油气钻井平台（船）、生产平台、生活平台、浮式生产储卸装置（FPSO）、浮式液化天然气装置（FLNG）、浮式储存及再气化装置（FSRU）等海洋油气装备，海上风电装备、天然气水合物钻采船（平台）、海洋新能源装备（含潮流能、波浪能、温差能等），深远海网箱式养殖平台、大型养殖工船、大型浮式岛礁平台、深海矿产资源开发装备、海底数据中心等新型海洋工程装备；

⑥邮轮游艇开发制造及配套产业；

⑦配套设备及材料：海底采矿机器人、海底挖沟机等海底矿产资源开发装备及深海采矿系统、深海立管相关配套系统和设备，水下潜器、机器人及探测观测设备，海洋工程用高性能功能化复合材料，舰船上层建筑及内装用隔热、防腐、阻燃复合材料；

⑧绿色智能制造技术与装备：精度管理控制、数字化造船、预舾装和模块化、高效焊接、绿色涂装、超高压水除锈、智能焊接生产线、智能化分段流水线、智能管子加工生产线等专用绿色智能制造、维修技术与装备。

列入淘汰类投资目录的装备与产品包括：

（1）落后生产工艺装备

①废旧船舶滩涂拆解工艺；

②船长大于90米的海洋钢质船舶以及船长大于120米的内河钢质船舶的单件组装式整体建造工艺。

（2）落后产品

①采用单件组装式整体造船法建造的钢质运输船舶；

②不符合规范的改装船舶和已到报废期限的船舶；

③单壳油船。

5.2.4　国内外新造大小船舶投资需考虑的因素

经济性是决定船舶尺度的关键因素，大船比小船的单位运输成本低，船舶越大，经济性越好。同样，单位载货量的船舶造价，也是大船优于小船。30万载重吨的超大型油轮（VLCC）新船造价为1亿美元左右，然而阿芙拉型

(AFRAMAX)船舶10万载重吨造价为0.5亿美元左右,VLCC的运输量是AFAMAX的3倍,但是在造价方面却是2倍。以2倍的价格换取3倍的运量,单从这点考虑,船东必然选择建造大船。

实际上,航行的船舶并非只有一种尺度船舶,除了经济性之外,还有其他影响船舶大小的因素,包含以下几个方面:航道港口限制、贸易流动性、运河船闸的限制、船舶运输市场、造价和船厂的标准设计等。

由于船舶航行的外界环境条件及航道港口的几何尺寸因素限制,使得船舶尺寸不能无限增加。船舶航线会随货物的贸易流动而改变,船舶出发和到达港口也随之改变,船舶的大小需要尽可能多满足贸易航线上各个港口对船舶吃水的限制。例如,航行于苏伊士运河和巴拿马运河的船舶,受到航线上运河船闸尺寸和水深对船舶主尺度的限制。船舶的主尺度直接关系到能否满载航行通过运河航道。货物运输需求多少是运输市场活跃度的主要体现,也是影响船舶大小的关键性因素。

对于船舶造价,建造更大或者装载量更多的船舶,需要费用更多,因此如果没有对外贸易增加的趋势,带动大量的货物运输需求,船东不会花费更高的价格建造大船。船厂的标准设计,以市场标准为基准,为满足船东的普遍需求而制定。建造一艘符合市场规律的船舶与建造一艘奇怪尺寸的船舶相比,建造费用更低,船舶更符合贸易的需要,销售的渠道更广。经济性对船舶尺寸增加的影响往往不是线性正相关的。

新造大型、超大型船舶投资还需考虑更多的因素。大型船舶单位货运运营成本及燃料消耗的降低是以船舶满载为前提的,船舶装载量达到一定程度以上船公司才能保本经营,因此大型、超大型船舶适合在货源稳定充足的航线上进行运输经营。此外,大型船舶受到航道港口条件的限制,仅能挂靠数量有限的港口。同时大尺度船舶一旦发生事故,救援和应急保障技术也受到挑战。

5.2.5 全球能源市场脱碳要求对国内外新造船舶投资的影响

为应对全球能源市场脱碳要求,很大一部分新船都采用了绿色燃料。按吨位计,目前新造船订单的50%可使用替代燃料,大多数可使用液化天然气(LNG),部分可使用LPG,少数可使用甲醇、乙烷、生物燃料、氢气或电池/

混合动力推进。在脱碳要求这种约束的大前提下，关于未来航运业如何发展的疑虑被放大，并让市场参与者更加关注长期前景。由于全球能源市场为应对脱碳要求而发生转变，一艘新船在其生命周期内，其运营和使用方面的可见性有限，因此许多船东对投资新船显得更加谨慎。

由于全球航运市场对使用哪种替代燃料或采用何种技术的实际效果还不明显，船东更希望确保船舶早期使用的具有竞争力的燃料在船舶剩余的生命周期中依旧保持可用性。行业当前对燃料的实际效果（无论是减排程度还是使用安全性）确定性不高，因此关于如何应对能源转型的决策仍然复杂。而大幅减少全球温室气体排放可能也会对全球海运贸易产生不利影响。人们普遍预计，未来几年，大宗商品交易量将受到更大制约，这会影响航运市场的情绪及船东对船队规模和新造船需求的决策。这些存在于未来航运市场的特征令船东深感困惑，他们投资新船的决定也将变得更加艰难，这也暗示新造船订单受限的情况将持续一段时期。

5.3 二手船投资

5.3.1 二手船市场的由来

对于航运企业而言，船舶是其生存和发展的根基，船舶投资是其不可避免的经济行为。二手船市场是国际航运市场的重要组成部分，在国际航运市场中占有重要的地位，它与造船市场、租船市场一起构成了世界海上运输的运力来源。每年都有上百、上千万载重吨的二手船舶在二手船市场上买入或卖出，活跃着海上运输市场。

船舶在整个使用期间始终留在原船东手中营运是很少的，在供给方面，船东所拥有的船舶在经过营运使用后，会出现因船龄日益老化而引起的船舶技术状况逐渐恶化，营运经济效益逐渐下降。为保持市场的竞争力，世界上很多航运企业都把目标瞄准二手船市场，在适当的时候抛售手里的船舶或购进旧船。我国在组建中国远洋运输船队的初期，就是从二手船市场上购进大量二手船来发展船队的。

5.3.2 二手船商品市场买卖基本价值规律

船舶作为一种商品，其价格和其他商品的价格一样，受到价值规律的制约，买卖市场上船价波动非常大，存在较大的风险。二手船市场的供给与需求特点，决定了二手船市场的供需关系与市场价格。站在商品买卖基本规律的角度看，当二手船需求量较大时，新造船市场就相应的受到冷落。而二手船需求一旦上涨，其船价自然会上升。当价格提高到一定程度之后，二手船的需求量又将随之减少，新造船的需求可能就相应增加。站在航运需求的角度看，当航运需求大于航运供给，二手船市场供不应求时，船价看好，船东不仅要充分利用现有船舶，并把闲置的旧船经检修或改装后重新投入营运，通过提高船速等方式来增加出航次数增加船舶运力供给；当航运市场不佳时，航运供给大于航运需求，此时运价低迷，二手船市场价格亦相应较低。因此从商品买卖和航运需求两个角度，可看出二手船的供需状况是周而复始、不断波动的。

船舶价格指数反映了船舶的价格水平。对船价指数波动规律的研究能揭示船舶市场里船舶价格变化的规律。通常船东为了调整自己的运力规模，避免和航运需求相冲突而决定买卖船舶时，就会以市场上同类型的相同船龄的船舶作为参考向买方或卖方询价，在满足技术要求的前提下，选择价格合适的买家或卖家。二手船价格是船舶市场上为数众多的船东自由竞价的结果，是一种市场均衡价格。

5.3.3 投资购买二手船优势分析

从经济学的角度来看，对于航运企业来说，投资购买二手船，尽管在许多方面比不上建造新船有优势，但也有其独特有利之处，主要体现在以下三个方面。

（1）投资额较少

在正常的市场运行机制条件下，二手船的价格总是低于新建船的价格，因而这对于一些缺乏资金的航运企业来说，投资于二手船是一个较为现实的方案。投资建造新船除了需要大量资金外，还将面临航运市场恶化和延迟交船的风险。另外，在新建船的投资中，如果使用美元以外的其他币种，则还可能因汇率变化带来经济上的损失。这也是投资于造船市场会面临的风险,如果投资购买二手船,则可避免这些风险或者说风险相对小些。

(2) 投资二手船,船舶可以立即投入生产运营

由于航运市场是瞬息万变的,因此成功的航运经营者往往能把握住市场的最佳时机,投资购买船舶投入营运,从而获利。可以设想,如果航运市场的运费一直上涨,此时购买二手船即可立即投入营运,而建造新船则需 1~2 年的时间。一艘只有两三年船龄的旧船可能会比 2 年以后的新船价格还高。因为 2 年后,运费可能呈下跌趋势,订造新船的船东就失去了这 2 年的盈利机会,而当时就购买二手船的船东就获得了这 2 年的盈利先机。

(3) 二手船的船舶性能易于掌握

一艘新船在投入营运前,要通过试航来了解该船的性能。而对于一艘旧船,它的营运状况和航行性能已经有了一定的显示。买主在购买旧船时,无疑要通过该船的船舶资料了解船舶的营运历史和基本性能,当船舶各方面的条件都符合要求时才能购买。一般而言,了解一艘旧船的营运状况和性能要比了解一艘新船来得容易些。

5.3.4 投资购买二手船的程序及需考量的因素

在瞬息万变的航运市场,与新造船比起来,购买的二手船可以在短时间内被投入运营,且价格又相对较低,所以二手船市场的交易一直都是比较活跃的。另外,二手船买方在接船前往往对买入的二手船无法深入了解,仅凭船级社的记录和短时间的船上检查并不足以了解船舶的全部状况,再加上原船东的部分债务(如船舶优先权)并不会因所有权变更而消除,可以说购买二手船也伴随着一定的风险,因此二手船买卖通常要有如下的基础认识。

5.3.4.1 买船前的准备工作

筛选拟购买的标的船舶时,最重要的是商业层面的考虑,如船舶用途、预算、市场行情等。在技术层面,依据商业层面的考量,通过对船龄、造船厂、主机型号、载重吨、吃水等要求来敲定合适的船舶。但除此之外,在法律层面亦有诸多事项需要提前考虑。

买二手船前还应注意以下几点：一方面，二手船买卖已经是一个非常成熟的行业，不但有专业的二手船买卖经纪人，多个国际航运组织和机构也针对二手船买卖发布了标准的格式合同。但不同的格式合同中对买卖双方的权利、义务的规定还是略有差别的。因此，在确定初步的意向船舶后，同样应考虑拟采用的格式合同。此外，买方还要考虑买入船舶后的船籍问题，并对拟加入的船旗国的国家政策、法律法规等进行调研。另一方面，由于现在船舶的登记所有人普遍是单船公司，也需要对原船舶登记所有人背后的实际控制人进行初步的尽调，防止交船后卖方变成空壳公司，以至于即使卖方违反合同中的保证条款，买方也无法采取进一步的救济措施。

5.3.4.2　买船合同的签订

一旦确定标的船舶，买卖双方就可以协商并签订买卖合同。直接采取以上所述的格式合同固然在法律上是可行的，但实践中，双方还是会根据实际需求，对主要条款进行修订，并以备忘录的形式体现这些修改。通常双方的焦点集中在以下事项：

①检验：买方最关心的问题往往不是价格，而是所要购买的船舶的质量，需登轮和随船检验。

②付款条件：对卖方而言，最关心的问题是船价和付款方式。

③备件和燃油：船上所有的物品，除属于从第三方租赁的之外，都包含在出售范围内，甚至包括存放在岸上的但属于标的船舶的备件。而对于船上的燃油，可按照卖方提供的实际购买燃油时的价格进行计算。

④交船和文件交割：这是买卖双方关心的重中之重。

⑤船舶出售前债务负担：买方应要求卖方保证船舶没有任何负担、抵押、船舶优先权或其他债务，否则应向买方赔偿。

⑥争议解决条款。

5.3.4.3　合同签订后的交接准备工作

①注册新的单船公司和准备船旗国登记，买方需要事先在选定的船籍国注册公司；

②安排购船资金；

③准备交割文件;

④为船舶运营做准备。

5.3.4.4 交船和文件交割

卖方备好船舶后,会递交交船准备就绪通知。而买方接到通知后,则应安排付款。妥当之后便是交船和文件交割。交船时,卖方船员应将船上所有重要证书和文件交给买方上船的船员。文件交割方面,买方应从卖方处取得船旗国同意出售证书、卖据、原船舶登记注销证书、船级确认书、船旗国签发的无登记负担证书,以及卖方公司就出售船舶出具的股东会、董事会决议和授权委托书等。

5.4 航运资本市场

国际航运与世界经济、贸易紧密联系,国际航运是实现国际贸易与世界经济交流的一个重要环节。当今国际贸易的货物有三分之二以上是通过国际航运来完成的。在我国的对外贸易中,海洋运输是货物运输中最主要的运输方式,其中93%的外贸货物、95%的原油和99%的铁矿石都是靠海洋运输来完成的。

5.4.1 航运资本市场基本定义

航运资本市场是指航运企业运作过程中发生的融资、保险、货币保管、兑换、结算等经济活动而产生的一系列相关业务的总称,可分为船舶融资、船运保险、资金结算和航运价格衍生产品四大类型。

5.4.2 国内外航运金融资本市场发展现状

从全球的角度来看,航运业作为一个技术与资本都高度密集的产业,其发展与该国的金融资本支持是密不可分的。如果没有本国的金融资本长期稳定的支持,在航运业这样一个有着高度周期波动性特点的行业中,航运公司很难获得长期持续性的发展。国外发达国家特别是欧美的资本市场经过几百年的发展已日趋成熟，航运金融资本作为金融资本市场的重要组成部分发展得比较完善。

全球航运金融资本资源聚集度比较高。以船舶融资为例，当前，全球船舶贷款规模约3000亿美元，全球船舶租赁交易规模约700亿美元，航运运费衍生品市场规模约1500亿美元，海上保险市场规模约250亿美元，航运股权及债券融资规模约150亿美元。而这些业务几乎被全球公认的三大船舶融资业务中心——伦敦、汉堡和纽约掌控。随着世界航运中心的东移，全球航运竞争更加激烈。作为高端产业的航运金融将成为竞争的主战场，航运金融也会在竞争中不断创新发展。

随着经济全球化、金融全球化及世界性的产业升级和结构调整，我国航运业经过改革开放的洗礼，与资本市场联系发展取得重要进步。我国航运基础设施不断完善，各项服务功能不断加强，加快了航运要素的集聚。航运要素的不断集聚必然给中国航运金融的发展带来巨大的发展空间。但由于我国航运金融发展与国际公认的航运金融中心还有较大差距，我国航运金融尚处于起步阶段，目前存在的主要问题包括：

①航运金融方面的政策、法律法规缺少竞争力；

②航运金融业务有关的专业服务机构发展滞后、航运金融的技术和服务能力远远落后于国外；

③航运金融方面的人才匮乏；

④我国航运企业、港口、造船厂通过资本市场上市融资的还不多，还没有有效发挥资本市场优化航运产业资源配置的功能；

⑤航运金融衍生功能滞后，金融、保险等航运衍生服务业尚未形成气候，功能建设上还有待突破。

融入世界经济体系，将给我国航运业带来难得的发展机遇。主要表现在：一是国内外政治、经济环境明显改善，有利于促进中国对外贸易的进一步发展，运输需求将会明显增加，为航运业的发展提供充足的货源。二是交通基础设施建设力度的加大和利用外资规模的扩大，将进一步改善港口、航道等交通基础设施和运输装备技术水平，使我国港口和航运现代化进程大大加快。三是我国航运市场化进程将加快，促进市场竞争机制不断完善，有利于我国航运业整体服务水平的提高，有利于提高航运企业的国际竞争力。

航运市场在很大程度上具有市场周期性的特点。当前全球经济增速放缓，全球经济受多重因素影响，增速有大幅回落趋势，特别是 2023 年以来，高通胀、地缘政治等风险持续，全球经济增长任重道远，加之船队运能过剩，我国航运市场正处于困难时期。相对于港口和船企，航运企业对市场的波动更为敏感。业绩的周期性表现更为明显，容易出现大起大落的情况。

5.4.3 我国航运业面临的挑战和需建立完善的竞争环境

5.4.3.1 我国航运业面临的挑战

我国航运业面临的挑战包括：

①我国正处于经济体制转轨时期，法律法规还不够健全，市场机制还不够完善，适应世界贸易组织（WTO）规则的水运管理体系尚未真正建立。要为中外航运经营者创造一个良好的竞争环境还需要不懈的努力。

②国内港航企业资金实力、技术水平和管理人才诸方面与发达国家的企业相比还有一定差距，竞争能力不强。

③国内水运基础设施在某些方面还比较薄弱，结构不合理的矛盾十分突出，港口和航道还不能适应船舶大型化发展的需要，水运基础设施建设的任务相当繁重。

5.4.3.2 需建立完善竞争环境

改革开放使我国航运市场逐步与世界市场接轨，大大促进了我国航运事业的发展，但要面对来自经济全球化的机遇和挑战，我们还需加快航运基础设施建设，加快科技创新，优化航运业结构，积极推动现代物流的发展，努力为中外航运经营者创造一个良好的竞争环境，建立和完善统一开放、竞争有序的航运市场，促进我国航运行业持续、快速、健康发展，具体体现在以下三个方面。

（1）加快航运基础设施建设

加快航运基础设施建设，为中外航运经营者提供良好的港口服务，建设内容包括：

①高等级航道建设，包括：沿海港口公共基础设施建设，国境国际通航河流航道、内河高等级航道、通航建筑物、符合国家战略方向的内河水运其他航道及公共基础设施建设。

②港口枢纽建设，包括：码头泊位建设，船舶污染物港口接收处置设施建设及设备制造，港口危险化学品、油品应急设施建设及设备制造，国际邮轮运输及邮轮母港建设，港口岸电系统建设及船舶受电设施改造，船舶LNG加注设施和电动船充换电设施建设。

③智慧水运，包括：港口自动化智能化绿色化建设与改造，智慧航道、绿色航道及智能绿色航运建设。

④绿色平安航运，包括：水上交通安全监管、航海保障和救助系统建设，内河船型标准化、绿色化，船舶和码头油气回收设施建设。

（2）加快科技创新，优化航运业结构

需要适应国际航运市场发展趋势，鼓励科技创新，积极推进航运业结构调整。一是加快船舶运力结构调整，推动远洋、沿海船舶向大型化、专业化、高速化方向发展，重点发展大型散货船、大型油轮、集装箱船、液化气船、汽车滚装船；推动内河船舶向标准化、系列化方向发展，重点发展内河自航船、顶推船队、江海直达船、集装箱船。二是加快运输结构调整，推动水路常规客运向高速化、旅游化、客滚化、区域化方向发展，推进煤、油、粮、矿等散货专业化运输系统，提高船舶平均吨位，发展规模运输。三是加快航运企业结构调整，鼓励企业向规模化、集团化发展。

（3）积极推动现代物流的发展

我国物流发展还处于起步阶段，市场潜力和发展前景十分广阔。港口作为物质的集散地，在发展物流方面具有特殊的优势。国际海上集装箱运输的快速发展，围绕港口和国际航运，各地建立了配套的集装箱中转货运站场，港口集疏运系统、电子数据交换系统逐步完善，把港口城市建设成为物流中心的条件基本成熟。应鼓励中外航运公司根据自身实际，尽早参与物流服务的市场竞争，为中国国际贸易的发展提供高质量的运输服务。

随着市场经济的发展，交通运输的新模式已打破传统的各种运输方式之间各自为政的局面，强调整合和集成。各种运输方式的转换、衔接，将主要由一个承运人来组织和完成。目前世界上许多大型国际航运集团都已将综合物流作为未来主要的发展方向，借助价值链的拓展，将竞争平台从简单的航运价格竞争提升到完整价值链意义上的整体物流服务价值竞争。

5.4.3.3　航运资本市场发展对航运企业的发展提出新要求

国际航运企业将走向综合物流。全球网络化趋势下的多式联运、集装箱运输的发展以及与国际接轨意识的增强，必将推动国际航运企业综合物流服务的发展。国际航运企业以海上运输为主业，在向两头扩展服务领域、优化服务质量的同时，力求最大限度地降低综合物流的成本，挖掘利润源泉，同时也将对全球范围内的经济发展产生相应的促进作用。

国际航运业是资本密集型行业，是货物运输的最大载体，国际贸易中有85%的货物是通过海运完成的，国际航运企业在贸易中扮演了极为重要的角色。随着世界经济一体化的深入发展及市场环境的变化，新型的航运企业，除了拥有庞大的运输能力之外还具备了从事国际物流业务所需的管理经验，在国外拥有众多网点，有固定的运输设备。同时，航运公司向船舶修理、集装箱制造发展，并参加港口、码头基础设施建设。航运公司的货物运输范围已经从海上延伸到陆地，从陆地延伸到空中，从原来单纯的运输向运输、代理、仓储、包装"一条龙"服务转化，而这个转化过程也是航运公司相关多元化不断发展的过程。

📝 思考与练习

1. 船舶价值评估的基本定义是什么？
2. 船舶价值评估方法主要有哪几种？目前主要采用的是哪种方法？
3. 目前国内外新造船行业总体发展趋势是怎样的？
4. 请举例列出我国船舶鼓励与淘汰类投资的船舶及海洋工程装备。
5. 投资购买二手船舶与投资建造新船相比，有哪些优势？
6. 什么是航运资本市场？
7. 请简述航运资本市场的发展现状。

第6章 航运金融衍生品

> **案例导入**

套期保值变成吞金黑洞 中国远洋浮亏53.8亿元

2008年12月17日，中国远洋控股股份有限公司（以下简称中国远洋）发布公告称，截至当年12月12日，所属干散货船公司持有的远期运费协议（FFA），公允价值变动损失合计为53.8亿元，较当年9月30日扩大30.7亿元。同时，有交割部分实现收益14.3亿元。浮亏与实现收益相抵，合计亏损39.5亿元。

2008年，全球经济危机爆发，导致国际航运市场受到较大影响，2008年第四季度尤为惨烈。中国远洋公告显示，在干散货运输业务方面，反映国际干散货航运市场即期运价水平的波罗的海干散货指数（BDI），自2008年9月30日的3217点跌至12月12日的764点；10月1日至12月17日，BDI均值为1224点，相比2008年第三季度的均值7123点大幅度下降。在集装箱运输业务方面，主要航线的基本运费水平也出现明显下降。业内分析师认为，中国远洋FFA出现巨额亏损缘于BDI的暴跌，虽然FFA具有套期保值的功能，但中国远洋主要是在做多，并未明显体现出该金融衍生产品套期保值的功能。

2008年，中国远洋是全球第二大干散货运输商，拥有和经营600余艘商船，3500余万载重吨，年货运量超过3亿吨。2008年12月17日，中国远洋A股报收8.78元，下跌5.18%，而在2007年10月25日，该股价格曾达到68.40元。

（资料来源：https：//finance.sina.cn/sa/2008-12-17/detail-ikknscsi6681034.d.html）

6.1 航运金融衍生品特点及类型

航运金融衍生品具有市场波动性高、高风险投资和杠杆效应等特点。航运期货、航运远期合约、航运期权和航运衍生品指数是航运金融衍生品主要的类型。了解航运金融衍生品的特点和类型对投资者和航运从业者来说都是至关重要的，以便更好地管理风险、实现投资目标。

6.1.1 航运金融衍生品的特点

（1）市场波动性

航运行业受多种因素影响，如全球贸易环境、油价波动以及气象条件等。航运金融衍生品的特点之一是市场波动性很高，其价格会因这些因素的变化而波动。

（2）高风险投资

航运金融衍生品通常被认为是高风险投资，因为其价格波动较大且投资回报可能不稳定。投资者需要具备一定的风险承受能力和专业知识来进行有效的风险管理。

（3）杠杆效应

航运金融衍生品的交易通常具有较高的杠杆比例，这意味着投资者可以通过投入较少的资金来控制更大的交易规模。然而，杠杆效应也增加了投资者的风险，因为一点价格波动就能对投资者的资金产生较大的影响。

6.1.2 航运金融衍生品的类型

（1）航运期货

航运期货合约允许买方和卖方在将来以约定的价格进行航运服务的交割。航运期货是最常见的航运金融衍生品之一，常用于锁定运费和价格风险。

(2) 航运远期合约

航运远期合约是买卖双方约定在未来一定时间内以约定价格交割航运服务的合约。与期货合约不同,远期合约的交割日期更加灵活,可以更好地适应特定的航运需求。

(3) 航运期权

航运期权是一种金融合约,给予买方在未来一定时间内购买或卖出航运服务的权利,但并不要求实际交割。航运期权允许投资者根据市场变化灵活调整策略,以规避风险或利用潜在机会。

(4) 航运衍生品指数

航运衍生品指数反映了航运市场整体的价格水平和波动情况。投资者可以通过交易这些指数获取对整个航运市场的风险暴露,而无须直接投资特定的航运合约或船只。这种方式有助于分散投资风险,并简化投资操作。投资者可以借此方式对冲风险或利用市场趋势进行投机。然而,需要注意的是,虽然指数提供了市场的整体视角,但也可能无法完全涵盖市场的所有细节和特定风险。

6.2　航运金融衍生品构成要素

航运金融衍生品作为航运行业的重要金融工具,由多个构成要素组成。这里将介绍航运金融衍生品的构成要素包括标的物、合约规格、市场交易、清算和监管等方面。

6.2.1　标的物

(1) 标的物的定义

标的物是航运衍生品的基础,是指在交易合约中具体描述的交割物品或交割服务的对象,包括船舶、航运货品、运价、指数等。

(2) 标的物的选择

标的物的选择应考虑市场参与者对该标的物的需求和交易流动性,还应考虑标的物的真实性、有效性和价格信息的可获得性等因素。

6.2.2 合约规格

(1) 合约规格的定义

合约规格是航运衍生品的关键构成要素,包括合约类型、合约期限、交割方式、交割地点、计价单位等。

(2) 合约规格的制定

合约规格的制定应考虑市场需求和经济环境等因素,同时也要符合当地的法律法规和市场规则。

6.2.3 市场交易

(1) 市场交易的定义

市场交易是指航运金融衍生品在市场上的交易活动,包括交易方式(如场内交易和场外交易)、交易价格、报价、买卖方向等。

(2) 市场交易的机制

航运衍生品市场的交易机制应考虑市场透明度、流动性、安全性和效率等因素,同时应采取可靠的交易结算和价格发现机制来支持市场的良性发展。

6.2.4 清算

(1) 清算的定义

清算是指交易双方在航运金融衍生品市场上按照约定的交割条件进行结算和交割的过程。

(2) 清算的机制

清算的机制应考虑交易双方的利益和市场的稳定性,通过收益和亏损的结算来实现风险分担和市场的健康发展。

6.2.5 监管

（1）监管的定义

监管是指对航运金融衍生品市场的监管和管理，包括法律法规和市场参与者的自律行为等。

（2）监管的目的

监管的目的是确保市场的健康发展和市场参与者的权益，防范市场风险和投资者保护等。

航运金融衍生品的构成要素包括标的物、合约规格、市场交易、清算和监管等。在进行航运金融衍生品投资前，投资者需要全面了解这些构成要素，以便更好地评估风险、规划策略和做出决策。同时，监管机构也需要加强对市场的监管和管理，以保证市场健康发展和投资者的权益。

6.3 航运金融衍生品交易

航运金融衍生品交易是航运行业中重要的金融活动，通过对价格波动和风险的管理，促进了市场的稳定和健康发展。交易市场、交易方式、交易标准和交易参与者等方面构成了航运金融衍生品交易的核心要素，对于投资者和市场从业者来说，了解这些要素将有助于制定有效的交易策略和风险管理方案，在市场中实现投资目标。

6.3.1 交易市场

（1）交易市场的定义

航运衍生品交易市场是指提供航运衍生品交易服务的交易平台，包括交易所、场外交易等多种形式。

（2）交易市场的特点

航运衍生品交易市场通常具有开放性、透明性、公平性和流动性等特点，同时还受到宏观经济、行业政策等因素的影响。

6.3.2 交易方式

（1）交易方式的定义

交易方式是指投资者进行航运金融衍生品交易的具体方式，包括场内交易和场外交易。

（2）交易方式的特点

场内交易通常具有更高的流动性和透明度，同时需要承担更高的交易成本。场外交易则通常需要更多的协商、约定和执行成本，同时交易价格可能不如场内交易具有可比性。

6.3.3 交易标准

（1）交易标准的定义

交易标准是指航运金融衍生品交易时的基本标准和规范，包括合约规格、交易量、履约方式等。

（2）交易标准的重要性

交易标准的设计和维护对于航运金融衍生品市场的健康发展和稳定起着至关重要的作用，可以促进市场参与者的便利、规范和公平竞争。

6.3.4 交易参与者

（1）交易参与者的定义

交易参与者是指参与航运金融衍生品交易的各种主体，包括投资者、交易商、交易所、仲裁机构等。

（2）交易参与者的作用

交易参与者对于航运金融衍生品交易的发展和流动起着至关重要的作用，可以促进市场的竞争、流动性和可行性。

6.4 国际与国内航运金融衍生品市场

随着全球化和自由化程度的加深,国际航运金融衍生品市场日益重要,同时,我国也正在发展该领域。这里将介绍国际与国内航运金融衍生品市场的发展现状、特点和趋势。

6.4.1 国际航运金融衍生品市场

(1) 市场规模和结构

国际航运金融衍生品市场规模巨大,主要的交易所包括伦敦金属交易所、新加坡交易所、上海期货交易所等,市场主要参与者包括投资者、航运企业、银行、交易商等。

(2) 发展趋势

国际航运金融衍生品市场未来将面临更加严峻的监管和风险控制要求,需不断推出新的金融工具,开发多元化的服务和产品。同时,市场参与者也需要不断提升自身的专业素养和竞争力。

6.4.2 国内航运金融衍生品市场

(1) 市场规模和结构

我国航运金融衍生品市场仍处于起步阶段,主要的交易所包括上海期货交易所、大连商品交易所等。市场参与者主要包括航运企业、交易商、投资者等。

(2) 发展趋势

国内航运金融衍生品市场未来将面临更多的机遇和挑战,需要加强监管、提高市场透明度,并不断推出符合国情和市场需求的创新产品。同时,市场参与者也需要加强行业交流、扩大市场影响和提升资金实力。

6.4.3 国际与国内市场的比较

（1）市场现状

国际市场已经形成规模庞大、成熟稳定的市场体系，而国内市场仍处于起步阶段，市场规模和品种仍有较大的提升空间。

（2）市场特点

国际市场的交易机制、金融产品、监管机构等已经相对成熟和完善，而国内市场正在加强监管和完成交易机制的建立。

（3）市场趋势

随着全球化和自由化的推进，国际航运金融衍生品市场将保持快速发展，而国内市场则将逐步与国际市场接轨和竞争。

国际与国内航运金融衍生品市场都拥有自己的特点和优势，随着市场环境和监管要求的变化，两者之间的竞争和协同发展将会更加紧密和有意义。在此背景下，航运企业和投资者都需要及时了解市场动态和趋势，制定有效的投资策略和风险管理方案，把握市场机遇和挑战。

思考与练习

1. 航运衍生品是航运业中的什么金融工具？

2. 在航运衍生品交易中，交易市场通常具有哪些特点？

3. 场内交易和场外交易都是航运衍生品交易的交易方式，请问它们之间有什么差别？

4. 交易标准的设计和维护对于航运金融衍生品市场的健康发展和稳定起着什么作用？

5. 参与者是航运金融衍生品交易的重要组成部分，请问有哪些交易参与者？

6. 国际航运金融衍生品市场的主要交易所有哪些？市场主要参与者包括哪些？

7. 国内航运金融衍生品市场目前处于哪个发展阶段？主要的市场参与者有哪些？

8. 国际航运金融衍生品市场未来将面临哪些趋势和挑战?

9. 国内航运金融衍生品市场的发展将面临哪些机遇和挑战?

10. 航运企业和投资者在参与航运衍生品交易时需要注意哪些方面的风险管理?

第7章　航运保险

案例导入

海南丰海粮油工业有限公司与中保财产保险有限公司、海南省分公司海运货物保险合同纠纷案

案情摘要：1995年11月28日，海南丰海粮油工业有限公司（简称丰海公司）在中保财产保险有限公司海南省分公司（简称海南人保）投保了"哈卡"轮（HAGAAG）所运载的4999.85吨桶装棕榈油，投保险别为一切险。根据保险条款规定，一切险的承保范围除包括平安险和水渍险的各项责任外，海南人保还"负责被保险货物在运输途中由于外来原因所致的全部或部分损失"。该条款还规定了五项除外责任。1995年11月23日至29日，"哈卡"轮起航后，由于该轮的船东与期租船人之间发生船舶租金纠纷，"哈卡"轮中止了提单约定的航程并对外封锁了该轮的动态情况。1996年4月"哈卡"轮走私至中国汕尾被海警查获。根据广州市人民检察院《免予起诉决定书》的认定，"哈卡"轮所载棕榈油已被盗卖或被我国检察机关作为走私货物没收上缴国库。丰海公司向海南人保提出索赔申请，海南人保明确表示拒赔，丰海公司因此向海口海事法院提起诉讼。

裁判结果：海口海事法院一审认为，本案投保货物的损失是由于船东盗卖和走私行为造成的，应属于丰海公司所不能预测和控制的外来原因，符合丰海公司投保的一切险的承保条件。一审判决海南人保应赔偿丰海公司保险价值损失3593858.75美元。海南省高级人民法院二审认为，根据保险单所附的保险条款和保险行业惯例，一切险的责任范围属于列明风险，包括平安险、水渍险和普通附加险。丰海公司投保货物的损失不属于一切险的责任范围。二审判决撤销一审判决，驳回丰海公司的诉讼请求。丰海公司向最高人民法院申请再审。最高人民法院再审认为，本案保险标的的损失不属于保险条款中规定的除

外责任之列，应为收货人即被保险人丰海公司无法控制的外部原因所致，本案保险事故属一切险的责任范围。最高人民法院于 2004 年 7 月 13 日判决撤销海南省高级人民法院二审判决，维持海口海事法院一审判决。

典型意义：本案争议焦点在于如何理解海洋运输货物保险条款中一切险的责任范围。此问题在海上保险法理论界和司法实践中一直存在不同的观点，本案一、二审法院也作出截然相反的判决结果。本案再审判决对于海洋运输货物保险条款中一切险的理解作出最终的论断，即"海洋运输货物保险条款"规定的一切险，除包括平安险和水渍险的各项责任外，还包括被保险货物在运输途中由于外来原因所致的全部或部分损失。在不存在被保险人故意或者过失的情况下，除非被保险货物的损失属于保险合同规定的保险人的除外责任，保险人应当承担运输途中外来原因所致的一切损失。这一认定，对统一海洋运输货物保险纠纷案件的审判实践具有重要的指导意义。

（资料来源：中华人民共和国最高人民法院公报）

7.1 航运保险的特点与类型

7.1.1 航运保险的定义

航运保险是一种专门为船舶、货物和运输责任等在航运过程中可能发生的损失提供风险保障和经济补偿的保险形式。航运保险的目的是通过风险补偿的方式为航运行业提供支持和保护，降低船东和货主等相关方面临的经济风险和损失。

航运保险的基本原理是以保险公司为中介，通过缴纳保险费，将风险转移给保险公司，以实现风险分摊和风险转移的目的。航运保险通常由船东、货主、船舶运营者、仓储公司等方面购买，是航运行业中必不可少的。

7.1.2 航运保险的特点

（1）高风险性

航运行业具有复杂的运输环境和多种潜在风险，航运保险需要应对多样化的风险挑战，例如海上的气象、潮流、航道、海盗、港口等问题。为了解决这些问题，保险公司通常会制定各种适应性保险策略，包括灵活的保险条款和计算保险费用的方法。

（2）国际性

航运保险涉及船舶和货物的国际运输，需要适应国际贸易的特点和需求。同时，航运保险也需要遵守国际保险规范和国际贸易条款。不同国家和地区的法律法规对航运保险的要求和标准存在差异，保险人员需要具备相关国际保险知识和技能。

（3）长期性

航运保险往往涉及跨越多个航程或航段的保险合同，保障期限相对较长。此外，对于一些特别的货物或需要额外保险保障的情况，保险条款也可能会约定更长或者更短的保障期限。考虑到航运行业的复杂性和成本投入，保险人需要与船东、货主等相互合作，建立长期的合作关系。

（4）多地域性

航运保险涉及多个国家和地区的保险合同、索赔和理赔。由于不同地区的保险市场、风险评估和索赔处理程序差异较大，保险人员需要了解不同地区的保险法律法规（例如联合国海洋法公约、比利时汉堡规则等），以确保合同的顺利履行。

（5）专业性

航运保险涉及航运行业的专业知识和技术要求。保险人员需要具备相关的背景和经验，了解航运业务模式、船舶结构和操作流程，以及货物运输的各个环节，对于准确评估风险和制定合适的保险方案至关重要。

7.1.3　航运保险的类型

货物保险（Marine Cargo Insurance）：货物保险是最常见的航运保险类型之一，主要保障货物在海上运输过程中的损失、破坏或丢失。它可以覆盖各种类型的货物，包括大宗商品、制成品、冷冻货物等。

船舶保险（Hull Insurance）：船舶保险主要保障船舶本身及其相关财产的损失，如船体、配件、设备等。它可以覆盖船舶发生的意外事故、沉没、碰撞、火灾等风险。

第三方责任保险（Protection and Indemnity Insurance，简称P&I）：第三方责任保险主要保障航运相关方因航运活动导致的第三方人身伤亡、财产损失等责任。它可以保护船舶所有人、货主、船员和航运公司等利益相关者免受潜在的法律责任。

运输责任保险（Freight Liability Insurance）：运输责任保险主要保障航运公司或货运代理在进行货物运输过程中因过失或疏忽而导致的货物损失、延误或其他损害。它可以保护运输公司免受货主的索赔和赔偿责任。

担保保险（Guarantee Insurance）：担保保险是一种特殊形式的航运保险，它主要保障船舶运营过程中涉及的担保、抵押和债务支付等风险。它可以提供担保人的责任承担和相关费用赔偿。

需要注意的是，航运保险通常是根据实际需求，结合不同类型的保险合同来进行综合保障。例如，一次船舶运输可能需要货物保险、船舶保险和第三方责任保险等多种保险类型的组合。因此，具体的保险形式和范围可能会因各方需求和合同条款的不同而有所变化。

7.2 航运再保险与巨灾保险证券化

航运行业是全球经济活动的一个重要领域，但由于其高风险的特性，保险和风险管理变得尤为重要。为了帮助航运企业降低风险暴露和经济损失，航运金融再保险和巨灾保险证券化这两个金融工具已经越来越受到关注和应用。

7.2.1 航运再保险

航运再保险的概念最早可以追溯到19世纪末期，当时主要是欧洲保险公司在进行再保险合作。进入20世纪以后，随着海运业和航空业的迅速发展，航运再保险市场也开始迅速扩张。在全球范围内，伦敦再保险市场和百慕大再保险市场是最为活跃的航运再保险市场。随着中国航海业的发展，中国的航运再保险也开始逐年增长。

航运再保险是指保险公司通过再向其他保险公司购买保险来转移部分风险的金融工具。它的作用是帮助航运公司降低风险暴露，确保在面临船舶损失、货物损失等情况下能够得到及时赔偿。

在航运再保险中，保险公司购买再保险合同，将部分风险转移给再保险公司。再保险公司与原始保险公司签订再保险合同，承担一定的风险份额。当保险事件发生时，航运公司可以从再保险公司获取赔偿。

7.2.1.1　航运再保险的范围

航运再保险的范围主要包括船舶、货物、航空和港口四大风险类型。

船舶再保险主要涉及船舶的船体、机器和设备等损失的承保，以及索赔的处理和赔付。

货物再保险主要涉及货物损失的承保，包括顺延险、渣杂险、破碎险等。

航空再保险主要涉及航空器损失的承保，包括安全险、地面危险险等。

港口再保险主要涉及港口运营和港口设施管理等风险的承保。

7.2.1.2　航运再保险的特点

（1）风险分散

航运再保险的特点之一是风险分散。由于航运业务的广泛性和复杂性，再保险可以将风险分散到多个保险公司中，减小任一公司承担的压力。这样可以提高再保险行业的整体稳定性和可持续性。

（2）专业化

航运再保险需要具备专业的保险知识和技能。再保险公司需要对航运业务有深入的了解和研究，以便准确评估风险和制定适当的再保险政策。专业化的特点使再保险公司能够提供高质量的风险管理和保障服务。

（3）高利润

航运再保险风险较高，但也相对带来较高的利润。由于航运业务的特殊性，风险损失可能非常大，因此再保险公司可以通过提供再保险来获取高额保费和利润。这吸引了众多再保险公司参与航运再保险市场。

（4）复杂性

航运再保险的特点之一是其复杂性。航运业务涉及多个风险类型，如船舶损失、货物损失等，需要进行深入研究和分析。再保险公司需要具备复杂业务处理的能力，进行风险评估、契约设计和索赔处理等工作。

（5）不确定性

航运再保险的风险具有不确定性。航运业务受许多因素影响，如天气条件、船舶技术、货物运输路线等，因此再保险公司需要更加谨慎地处理和管理这些风险。不确定性使再保险公司需要具备应变能力，及时应对事件和调整风险管理策略。

在面对航运再保险的挑战时，再保险公司需要不断提升专业水平和技术能力，加强风险评估和风险管理，以确保可持续发展。同时，再保险公司还需要与业务伙伴保持良好的合作关系，共同应对不确定性和复杂性带来的挑战。

7.2.1.3 航运再保险的优势

（1）分散风险

通过再保险，航运公司可以将风险分散给多个保险公司，从而降低自身的风险暴露。

（2）提供全面保险保障

航运再保险可以为航运公司提供更全面的保险保障，确保在发生保险事件时能够得到及时赔偿。

（3）提高保险能力

航运再保险可以提升保险公司的风险管理能力和保险能力，提高其对航运公司的保险服务。

7.2.1.4 再保险转让的原理与机制

（1）再保险转让的原理

再保险转让是指再保险公司向其他再保险公司转移其所承担的部分风险责任，以平衡再保险公司的风险承受能力和资金流动性。

再保险转让通常是通过签订再保险合同来实现的。再保险合同中主要包括被保险人信息、保险期限、风险承保费用和再保险人要承担的责任范围等内容。再保险合同的承保时限和终止条款也需要纳入考量。

合同转让的过程中，原再保险公司将保险合同中的特定风险责任通过再保险协议转让给另一再保险公司。在该机制下，再保险公司间的关系是相互的，合同转让的双方有着责任和利益的平衡。

再保险合作是指再保险公司之间进行合作，共同承担某些风险。在再保险合作机制中，再保险公司之间可以根据各自的风险承受能力和业务需求，共同制定合作模式和再保险协议。再保险合作可以通过成立合资公司、共管再保险、联合再保险等来实现。这种机制的主要优势在于再保险公司可以共同分担风险，并共享风险保费和利润。

（2）再保险转让机制的运作流程

再保险转让机制的运作流程主要包括以下几个阶段：

风险评估：原再保险公司评估自身所承担的风险，并确定需要转让的部分风险。

洽谈和选定合作伙伴：原再保险公司与合作伙伴进行洽谈，选择合适的再保险公司作为转让对象。在洽谈过程中，各方需要就转让的风险范围、再保险费用等事项进行协商和达成一致。

签订再保险合同：在达成合作意向后，双方签订再保险合同，明确风险转让的具体条款和责任范围。再保险合同中需包括保险期限、再保险费用等相关内容。

风险转让：根据再保险合同的约定，原再保险公司将需要转让的风险责任转移给合作伙伴。这涉及再保险条款的执行和相应的资金安排。

风险管理：转让后，原再保险公司需要继续对保留的风险进行管理和监控，确保风险控制和资金回流。

再保险转让机制的运作流程需要各参与方充分了解合同条款和风险特征，并保持良好的沟通和合作关系，以确保风险能够得到有效的转移和管理。

7.2.2　巨灾保险证券化

巨灾保险证券化是指将巨灾风险转化为可交易的金融证券的过程。其目的是吸引更多的投资者参与巨灾风险的共担和保险利益共享，提高市场流动性，促进资金流动。

巨灾保险证券化通过发行巨灾债券、巨灾股权证券等金融工具，将巨灾风险转化为可交易的证券。投资者可以购买这些证券以分散巨灾风险和获得相应的回报。

巨灾保险证券化具有以下特点和优势：

（1）风险分散和共担

巨灾保险证券化通过将巨灾风险转化为可交易的证券，吸引更多投资者参与，共同承担灾害风险。这种分散和共担的特点可以减轻个别保险公司或投资者承担的风险，提高整体风险的可承受能力。

（2）增加资金来源

巨灾保险证券化通过证券市场发行巨灾风险证券，为保险公司提供了另一种新的融资渠道。这样，保险公司可以吸引更多的投资资金，增加其赔付能力，并提高市场供应的稳定性。

（3）提供流动性和交易性

通过证券化，巨灾保险可以使巨灾风险转化为可交易的证券。这使得投资者可以灵活地买卖这些证券，增加了市场的流动性。同时，证券化也为投资者提供了参与巨灾保险的机会，提供了一种多元化投资的选择。

（4）定制化和多样性

巨灾保险证券化可以根据不同的投资者需求和风险偏好进行定制。投资者可以选择不同的证券产品以满足其特定的风险和收益目标。这种多样性可以增强市场的灵活性和适应性。

（5）促进经济发展

巨灾保险证券化可以为受灾地区提供更多的保障和灾害风险管理手段。这有助于减少经济损失，促进受灾地区的恢复和重建，推动经济的可持续发展。

综上所述，巨灾保险证券化通过风险分散、增加资金来源、提供流动性和交易性、可定制化和具备多样性等特点，为保险公司和投资者提供了一种有效的风险管理工具。

7.2.3 航运再保险与巨灾保险证券化对航运行业的影响

（1）航运再保险对航运行业的影响

航运再保险提升了保险公司的风险管理能力和保障能力，可为航运公司提供更全面的保险保障。通过再保险的风险分散机制，航运公司可以减少风险暴露，增加资金回报能力，并在面对船舶损失、货物损失等意外事件时得到及时赔偿。航运金融再保险还有助于增强航运公司的可持续发展能力，提高行业的稳定性和竞争力。

（2）巨灾保险证券化对航运行业的影响

巨灾保险证券化为航运行业带来了更多的巨灾风险分担和资金支持。通过将巨灾风险转化为可交易的证券，巨灾保险证券化吸引了更多的投资者参与巨灾风险的共同承担。这样的共同承担模式可以减轻航运公司在面临巨灾情况下的损失压力，增加对巨灾损失的赔付能力。此外，巨灾保险证券化还提高了市场流动性，促进了资金的流动，为航运行业提供更稳定的保险保障。

航运再保险和巨灾保险证券化是航运行业中应用的两种重要金融工具。航运再保险通过风险分散机制和全面保险保障，提高了航运公司的风险管理能力和保险能力。巨灾保险证券化以可交易的证券形式吸引了更多的投资者参与巨灾风险的承担。这两种工具都对航运行业的稳定性和可持续发展具有积极的影响，有助于推动航运行业向更健康的方向发展。

7.3　国内外航运保险制度与模式

在中国，航运保险市场主要分为三个部分：船易保、货易保、责任保险。其中，船易保主要涉及船舶的损失、碰撞等风险，货易保则主要解决货物运输过程中的损失和破损，责任保险则主要涉及环境污染、船舶碰撞等因素对第三方造成的损失。这些保险产品的风险都需要由商业保险公司承担，并由中国银保监会进行监管和管理。目前，国内保险公司之间也开展了合作，建立了再保险机制，以共同承担风险，提高市场效率。

美国的航运保险市场受到美国联邦政府的监管，并主要由商业保险公司承担。欧洲和英国地区则以保险市场的自由度和专业化著称。此外，一些船东选择加入国际保赔协会，由保赔协会集体承担风险。许多国家和地区还设立了灾害风险池，共同分担巨灾风险。

国内的航运保险市场仍处于发展初期，尚需完善相关制度和机制。目前，一些国内保险公司选择在国际市场上与外国保险公司合作，提供航运保险产品和服务。国外的航运保险市场更为成熟，保险产品种类齐全，市场竞争激烈。国外保险公司也涌入中国市场竞争。

未来，随着全球化的加速和"一带一路"倡议的推进，航运保险市场发展面临着新的机遇和挑战。未来，中国的航运保险市场将逐步开放和改革，建立更加稳定的市场体系。外国保险公司也将拓展它们在中国的市场份额。

总体来说，国内外航运金融保险制度和模式不尽相同，各有特点和优势。在未来的发展中，航运保险市场需要加强合作与竞争，提高市场效率和服务质量，为航运业保驾护航。

思考与练习

1. 航运保险在全球贸易中的作用是什么？它对航运业和全球供应链的稳定性和可持续发展有何重要影响？

2. 航运保险中的主要风险有哪些？船舶所有人、货主和再保险公司如何在风险评估和管理方面合作，以最大程度降低潜在损失？

3. 航运保险市场的发展趋势是什么？技术创新、数字化转型和可持续发展对航运保险产业会有怎样的影响？

4. 再保险在航运保险中的作用是什么？再保险公司如何平衡风险分散和利润获取，以确保可持续发展？

5. 航运保险中的索赔处理是一个复杂的过程，需要考虑到不同的风险类型和相关的保险合同。如何确保索赔的及时处理和公正性？

6. 航运保险在面对新兴风险和不确定性时，如自然灾害、海盗袭击和气候变化等，应如何应对和适应？

7. 航运保险的合规性和监管问题是什么？保险公司和监管机构如何确保合规性，并保护保险消费者的权益？

8. 航运保险的可持续性如何评估？保险公司如何在商业利益和环境社会责任之间找到平衡点？

第8章 互联网+航运金融

8.1 "互联网+航运金融"的特点与类型

"互联网+航运金融"与互联网金融有着密切联系，它是在传统航运金融服务的基础上，利用互联网技术和信息通信技术进行创新和优化，为航运行业提供更加高效、便捷和个性化的金融服务。通过互联网平台，航运金融交易更加透明化、自动化，同时也能够提供更加专业的风险管理和数据分析服务，满足航运行业对资金和风险管理的特殊需求。

总体来说，"互联网+航运金融"是在互联网金融的基础上，针对航运行业特点的进一步延伸和拓展，它利用互联网技术为航运行业提供更加专业、高效的金融服务，实现航运金融服务的现代化和智能化。因此，在了解"互联网+航运金融"之前，我们先来了解互联网金融。

8.1.1 互联网金融的定义、起源与特点

8.1.1.1 互联网金融的定义与起源

互联网金融是指利用互联网技术和信息通信技术来进行金融活动和服务的一种模式，它整合了互联网、金融和信息技术，通过网络平台为用户提供多元化的金融产品和服务。随着科技的不断发展和互联网的广泛应用，互联网金融作为一种新兴的金融模式，逐渐走进了人们的生活，从用户角度来看，互联网金融提供了更加便捷和灵活的金融服务，使投资和理财更加普惠化，通过打破传统金融机构的垄断地位，为广大用户提供了更加多样化、便捷化、高效和透明的金融服务。此外，通过互联网技术，金融机构也可以将传统的金融业务转

移到在线平台上进行,也能够利用大数据等技术分析用户需求、评估风险并提供个性化的金融服务。

互联网金融源自互联网技术的推动和金融创新的需求,它融合了互联网、金融和科技,能借助互联网技术,开展金融服务和业务,是一种新型金融形态,对传统的金融行业带来了革命性的变化。因此,互联网金融的定义也可以从多个角度来理解。首先,从技术角度看,互联网金融是利用互联网技术实现了金融服务的数字化、智能化和在线化。通过互联网,用户可以方便地进行银行转账、网上支付、贷款借款、股票交易等金融活动,大大提高了金融服务的效率和便利性。其次,从业务角度看,互联网金融是以互联网为平台,利用大数据和人工智能等技术手段,开展金融创新和业务拓展。比如,互联网支付平台、第三方支付机构等,都是互联网金融的具体业务形式。

互联网金融的研究范围包括:现代金融理论、金融科技及互联网金融、管理理论与电子商务技术,进行金融数据分析、金融信息系统分析和设计等。涉及互联网金融学科的课程包括:经济学、会计学、统计学、国际金融学、电子商务、互联网技术、大数据技术、第三方支付、网络借贷与资产交易、证券投资学、公司金融、金融市场学、互联网金融、互联网金融法律法规、金融风险管理、金融营销与客户经营、市场调查与预测、金融数据分析、互联网金融产品设计等。

8.1.1.2 互联网金融的特点

互联网金融的特点体现在以下 10 个方面。

(1) 互联网金融具有开放性和包容性

互联网金融不受时空限制,用户可以随时随地进行金融交易,无须前往实体银行机构。同时,互联网金融为各类金融机构提供了一个开放的平台,使不同机构可以通过互联网进行业务合作,实现资源共享和融合发展。

(2) 互联网金融具有高效性和便利性

通过互联网金融平台,用户可以快速完成各种金融操作,省去了传统金融服务需要花费大量时间和精力的烦琐流程。用户可以随时随地查询账户余额、办理贷款、购买理财产品等。同时,互联网金融也提供了更加个性化的金融服务,满足了用户对不同金融产品的需求。

(3) 互联网金融具有创新性和风险性

互联网金融不断推出新的金融产品和服务，满足了用户对金融创新的需求。比如，基于区块链技术的数字货币、互联网保险、智能投顾等，都是互联网金融的新兴业务。然而，互联网金融也带来了一定的风险，如网络安全风险、信息泄露风险等，需要金融机构和用户共同努力来应对。

(4) 低门槛

互联网金融降低了金融服务的门槛，使更多的人可以参与到金融活动中来。传统金融机构通常对客户的准入条件比较苛刻，需要一定的资金实力和信用背景。而互联网金融平台往往采用线上申请和审核流程，更加灵活和便捷，使得用户的准入门槛降低，即使是小额投资者也能享受到金融服务。

(5) 多元化的金融产品

互联网金融平台提供了丰富多样的金融产品，涵盖了投资、融资、支付、保险等多个领域。用户可以根据自己的需求选择合适的产品进行投资或者融资，也能够通过在线支付和免息分期等方式方便地进行消费。

(6) 高效便捷的金融服务

互联网金融平台利用互联网技术和大数据分析，提供高效便捷的金融服务。用户可以通过在线平台进行投资、融资、理财等操作，无须到实体机构排队办理，节省了时间和精力。互联网金融平台能够根据用户的投资偏好和风险承受能力，为用户提供个性化的产品和服务，提高了用户体验。

(7) 高度透明和可追溯

互联网金融平台注重信息透明度和风险披露，用户可以通过平台上的信息披露和历史数据等了解产品的风险和收益情况。互联网金融平台的交易记录和资金流向都能够被记录和追溯，提高了交易的可信度和安全性。

(8) 安全稳定

互联网金融相比传统金融，更加重视安全问题，采用最先进的网络安全技术，保障客户的财产安全。

(9) 信息化精准

在互联网技术的支持下，金融服务可以根据客户的不同需求定制，各种信息可以准确传递，促进客户之间相互交流，实现及时、准确、精准的金融服务。

(10) 全面覆盖

互联网金融可以基于互联网开放平台拓展业务,可以满足不同消费者的特定需求。

8.1.2 "互联网+航运金融"的定义、起源、特点与类型

8.1.2.1 "互联网+航运金融"的定义

"互联网+航运金融"指的是将互联网技术与航运金融业务相结合,通过互联网平台和相关技术,创新和优化航运金融产品和服务。这种新型的金融服务模式,旨在提高航运金融业务的效率、降低成本,并为客户提供更便捷的服务。

8.1.2.2 "互联网+航运金融"的起源

"互联网+航运金融"的概念起源于近年来互联网的快速发展和航运金融行业的变革。随着大数据、云计算、人工智能等技术的广泛应用,传统的航运金融业务模式逐渐无法满足市场需求。因此,将互联网技术与航运金融相结合成为一种新的可能。

8.1.2.3 "互联网+航运金融"的特点

"互联网+航运金融"结合了互联网技术和航运金融行业特点,具有以下特点:

(1) 数字化交易与结算

"互联网+航运金融"实现了航运交易的电子化和在线化,通过互联网平台实现货物买卖、物流服务、融资和支付的全程在线化,简化交易流程,提高结算效率。

(2) 智能化风险管理

利用大数据分析和人工智能技术,对航运市场风险进行预测和评估,帮助航运企业作出更准确的决策,降低风险。

(3)区块链技术应用

借助区块链技术实现航运金融交易的安全和透明,建立不可篡改的交易记录,减少欺诈风险,提高信任度。

(4)智能合约和自动化

通过智能合约技术实现航运合同的自动执行,无须第三方干预,减少人为错误和纠纷,提高合同执行效率。

(5)个性化金融服务

根据航运企业的具体需求,提供个性化的金融服务,如船舶融资、航线规划优化、货物追踪等,提升服务质量和满意度。

(6)客户体验和服务便捷性

"互联网+航运金融"通过在线咨询、实时跟踪、电子提单等服务,提供全天候的客户服务,提升客户体验,方便客户处理业务。

(7)创新金融产品与服务

结合互联网技术和航运行业需求,开发创新的金融产品,如货运保险、船舶贷款融资计划等,满足企业对风险管理和资金需求的特殊需求。

综上所述,"互联网+航运金融"的特点体现了高效、智能、可追溯、个性化,通过技术创新和服务升级,为航运行业提供了更具竞争力的金融服务。

8.2 "互联网+航运金融"的主要业务

8.2.1 航运金融的主要业务

航运业是通过以海运为核心的多种运输方式完成门到门服务的整条产业链,包括客货运输、船舶管理、船舶交易、货运代理、航运金融、海事教育及培训和海事法律及仲裁等。航运金融是指航运企业运作过程中发生的融资、保险、货币保管、兑换、结算等经济活动而产生的一系列相关业务的总称。航运金融业务是指与航运相关的金融产品和服务。随着全球贸易的发展,航运业逐渐成为国际贸易的重要组成部分,从事航运金融的主体主要有航运企业、港口、造船厂、银行、保险公司、证券公司、商品及衍生业务的经销商、金融租赁公司等机构,而航运金融业务则在这一过程中发挥着关键的作用。航运金融业务可分以下 5 类。

8.2.1.1 航运融资业务

航运融资业务是航运金融业务的核心内容之一。航运融资主要包括船舶融资、航运项目融资和船舶租赁等。船舶融资是指金融机构向船东提供融资支持,用于购买船舶或船舶建造。航运项目融资是指金融机构向航运公司提供融资支持,用于航运项目的开展,如港口建设、航道疏浚等。船舶租赁是指船东将船舶出租给航运公司,航运公司支付租金并承担船舶的运营风险。

8.2.1.2 航运保险业务

航运保险是为航运业提供的一种风险管理工具。航运保险业务主要包括船舶保险、货物保险和责任保险等。船舶保险是指对船舶本身进行保险,包括船体、船机和船用设备等。货物保险是指对货物在航运过程中的损失或损坏进行保险。责任保险是指对航运公司在航运过程中可能产生的第三方责任进行保险,如货物丢失、人员伤亡等。

8.2.1.3 航运信贷业务

航运信贷业务是指金融机构向航运公司提供的信贷支持。航运信贷业务主要包括航运公司融资、船舶贷款和船舶抵押贷款等。航运公司融资是指金融机构向航运公司提供的短期或中长期信贷支持,用于航运公司的运营和发展。船舶贷款是指金融机构向船东提供的贷款支持,用于购买船舶或船舶建造。船舶抵押贷款是指金融机构向船东提供的以船舶为抵押物的贷款支持。

8.2.1.4 航运衍生品业务

航运衍生品业务是指与航运相关的金融衍生产品的交易和风险管理业务。航运衍生品主要包括远期合约、期货合约和期权合约等。远期合约是指买卖双方约定在未来某一特定日期以特定价格买卖船舶或货物的合约。期货合约是指买卖双方约定在未来某一特定日期以特定价格买卖标准化的船舶或货物的合约。期权合约是指买方在未来某一特定日期以特定价格购买或销售船舶或货物的权利。

8.2.1.5 航运资产管理业务

航运资产管理业务是指金融机构为航运公司提供的资产管理服务。航运资产管理业务主要包括船舶投资基金、航运租赁基金和航运证券化产品等。船舶投资基金是指由金融机构组建的用于投资船舶的基金。航运租赁基金是指由金融机构组建的用于投资船舶租赁业务的基金。航运证券化产品是指将航运资产打包形成证券化产品，供投资者交易。

8.2.2 "互联网+航运金融"主要业务

"互联网+航运金融"主要业务包括以下方面。

(1) 在线航运交易平台

建立在线航运交易平台，提供航运货物的买卖、租赁、招标等服务。通过平台，航运公司可以发布货物信息、船期信息，货主可以在线寻找船运服务，实现货物的即时匹配，简化航运交易流程。

(2) 航运融资服务

推出航运融资产品，包括船舶融资、航运保理、航运贷款等，帮助航运企业解决运营资金需求，推动航运行业的发展。

(3) 智能物流管理

利用互联网技术，实现航运货物的实时追踪和监控，优化货物配载、运输路线，提高航运效率，降低运输成本。

(4) 风险管理与保险服务

提供航运风险管理咨询和保险产品，帮助航运企业降低风险，在货损、人身伤害等意外事件发生时进行有效赔偿。

(5) 数据分析与运营优化

利用大数据分析技术，对航运市场情况、航线数据进行分析，为企业提供市场预测、航线优化等运营建议,提高其运营效率和盈利能力。

(6) 智能合约与结算服务

引入智能合约技术,实现航运合同的自动执行和结算,减少纠纷和错误,提高合同履行效率。

(7) 客户服务与信息共享

建立多渠道的客户服务平台,提供 24×7 小时的在线客服,实现即时响应和服务,同时促进行业内信息共享与交流,推动行业合作和发展。

综上所述,"互联网+航运金融"的主要业务围绕航运业务流程展开,结合互联网技术和金融服务,提供一系列创新的业务模式和服务,以满足航运企业的多元化金融需求,推动航运行业的现代化和智能化发展。

8.2.3 "互联网+航运金融"发展现状

"互联网+航运"这些年发展非常迅速,是航运业在信息化驱动下主动满足全球航运市场的发展需求实现的经济模式转型升级。从目前来看,其主要的尝试为信息发布与查询、选舱比价、在线订舱、中介交易、支付结算、查看船货动态等服务。显然,这些尝试为船货双方带来了便利和效益。"互联网+金融"则是依托大数据和云计算在开放的互联网平台上形成的功能化金融业态及其服务体系。目前主要的业务及服务模式包括众筹、第三方支付、数字货币、大数据金融等。

目前,国内"互联网+航运"的发展尚处于起步阶段,与国际知名航运平台相比,存在业务模式老化、业务种类相对单一和产业供应链有待优化等问题。"互联网+航运"的转型将围绕效率提升、业务标准化和替代人力等方面开展。对于企业而言,这种转型具有以下两方面作用。

① 传统航运产业中的生产和运营主体将直接暴露在平台上,更容易感知消费者需求量的变化,也离市场更近。

② 以往服务于大客户的商业模式将被颠覆,中小型货主的需求将被整合和放大。这里的"整合"是指将小需求积聚成大需求;"放大"是指港航企业可借助该平台提供面向中小客户的定制式服务,从而激发中小客户对增值服务的需求。

随着物联网、互联网和云计算等信息技术在航运业广泛应用，传统航运要素业务模式不断得到优化升级。"互联网＋"对航运要素的影响主要体现在产品创新、服务创新和模式创新三个方面。

①产品创新：随着互联网等信息技术与航运产业进一步融合，业务处理在空间上和时间上的限制逐渐被打破，线上交易与线下操作分离成为可能，部分业务逐步转移到线上运行，市场产品不断创新，货运订舱、船舶服务等航运电子商务平台相继被推出。

②服务创新：在"互联网＋"背景下，传统航运要素业务的固有边界被打破，航运产业链资源以客户需求为导向，实现"一站式"的有机整合。服务范围不仅限于运输，而是向金融、大数据研究等增值性服务发展。

③模式创新：通过实现信息的自动抓取、自动处理和智能管理，实现业务流程标准化、扁平化，大幅度减少中间环节，简化业务程序，进而优化和升级传统航运要素业务模式。

8.3 "互联网＋航运金融企业"及平台

8.3.1 "互联网＋航运金融企业"的特点

"互联网＋航运金融企业"是指利用互联网技术和信息通信技术，结合航运行业的特点，为航运企业和相关机构提供多种创新金融服务和解决方案的企业。这些企业利用互联网平台和技术手段，为航运行业提供在线航运交易、航运融资、智能物流管理、风险管理和保险服务、数据分析和运营优化等一系列多元化金融服务，以满足航运企业在资金管理、风险防范、业务拓展等方面的需求。

这些"互联网＋航运金融企业"的主要特点包括：

①创新金融产品与服务：提供全新的航运金融产品和服务，定制化满足航运行业的特殊需求。

②数字化交易与服务：通过互联网平台实现航运交易与服务的在线化和数字化，提供便捷的交易渠道和服务方式。

③智能化技术应用：运用人工智能、大数据分析、区块链等技术，提高航运金融服务的智能化和效率性。

④个性化金融解决方案：为航运企业提供个性化的金融解决方案，根据企业需求进行定制化服务。

⑤透明化和协同交流：通过互联网平台实现交易透明化，促进航运行业的信息共享与合作，推动行业共同发展。

这些"互联网+航运金融企业"利用互联网技术为航运行业带来了创新的商业模式和服务，推动了航运行业向数字化、智能化方向发展，为行业的现代化和品质化提供了新的动力。

8.3.2 "互联网+航运金融企业"的运营管理模式

在"互联网+航运金融企业"的运营管理模式中，我们可以看到多种不同的模式融合在一起，以提供高效的金融服务。这些模式包括直接融资模式、以第三方支付为代表的交易处理模式，以及以众筹为代表的参与式融资模式等。这些模式在航运金融企业得到了广泛应用，并在航运金融的不同领域中展现了其商业潜力。

"互联网+航运金融企业"的运营管理依赖于几个核心要素：首先是客户需求，平台必须精准理解客户的需求，以便提供定制化的航运金融服务；其次是风险管理，平台需要建立完善的风险评估和控制体系，以确保客户资金的安全；最后是技术支持，平台需要利用先进的技术手段来提升用户体验和操作效率。

管理模式上，"互联网+航运金融企业"可以分为传统金融管理和互联网金融管理两种。传统金融管理侧重于严格的规章制度和层级结构，而互联网金融管理则更注重企业文化建设和创新管理方法。"互联网+航运金融企业"的管理模式更加灵活和高效，能够更好地适应快速变化的市场需求。

在运营过程中，"互联网+航运金融企业"面临着包括信用风险、信息安全风险和监管政策风险等多种挑战。为了应对这些挑战，企业需要采取积极的风险管理措施，包括风险预防和合规管理。

随着互联网技术的持续创新和金融行业的不断进化，"互联网+航运金融企业"预计将拥有广阔的发展前景。未来，这些企业将更加注重产品的创新和用户体验，同时融合区块链和人工智能等先进技术，进一步推动航运金融行业的革命性发展。

8.3.3 典型"互联网+航运金融平台"

"互联网+航运金融平台"是指基于互联网技术和信息通信技术，为航运行业提供各种金融服务和解决方案的企业建设的在线平台。这些平台通过互联网的便利性和高效性，整合了航运金融行业的资源和服务，为航运企业、货主、船东等各方提供在线化、数字化的金融服务，以满足航运行业在资金管理、风险防范、业务拓展等方面的需求。以下是一些"互联网+航运金融"领域的企业和平台。

（1）Flexport

Flexport是一家国际货运服务平台，通过互联网技术为客户提供全球航运、货物追踪和报关等服务，处理全球航运的供应链及物流问题。它们提供船舶租赁、保险、融资等服务，帮助客户降低航运成本和风险。此外，它们还提供在线报关和清关服务，为客户节省时间和成本。

（2）Freightos

Freightos是一个全球货运市场平台，旨在连接航运公司和货主，实现在线货运询价、订舱和报价等全流程线上化服务。它们提供实时货运信息追踪和在线支付等功能，帮助客户提高航运效率和透明度。

（3）Container xChange

Container xChange是一个国际航运货柜共享平台，通过互联网技术帮助船东、货主和物流公司优化货柜利用率，降低物流成本。它们提供在线货柜交易、租赁和买卖等服务，帮助客户快速匹配货源和货柜，提高航运效率。

（4）Tradewinds

Tradewinds是一个数字货物租船平台，通过互联网技术促进航运货物和船只的在线匹配，提供航运租赁和航运融资等服务。Tradewinds平台提供在线订舱、货物追踪和支付等功能，帮助客户简化航运流程，提高航运效率和透明度。

（5）Shipamax

Shipamax是一家专注于数字化航运工具的企业，提供智能航运解决方案和数据处理服务，帮助航运企业实现船舶管理、数据分析和运营优化。它们提供在线船舶管理、货物追踪、数据分析等服务，帮助客户提高航运效率和透明度，降低运营成本。

总体来说，这些"互联网＋航运金融平台"利用互联网技术和金融服务，为航运行业提供各种创新的业务模式和服务，推动航运行业向现代化和智能化方向发展。它们通过优化航运流程、提高效率和降低成本，为航运企业提供了更加便捷、透明和有效的服务。这些平台和企业的出现，也为传统航运业注入了新的活力，促进了行业的创新和发展。

8.3.4 互联网金融平台的优势与挑战

8.3.4.1 互联网金融平台的优势

（1）便捷性

用户可以在任何时间、任何地点通过互联网访问金融平台进行操作，无须受限于传统银行的营业时间和地点。

（2）低成本

互联网金融平台采用了去中间化的模式，降低了运营成本，使金融服务更加实惠。

（3）创新性

互联网金融平台利用大数据和人工智能等技术，能够提供个性化的金融服务，满足用户多样化的需求。

（4）风险控制

互联网金融平台通过自有的风控体系、数据分析和评估手段，对用户进行风险评估，降低了风险。

8.3.4.2 互联网金融平台的挑战

（1）安全风险

互联网金融平台的安全性一直备受关注，恶意攻击、信息泄漏等问题对用户的资金安全产生威胁。

（2）信息不对称

在互联网金融平台中，投资者和借款人信息不对称的问题较为突出，可能导致信息失真和欺诈行为。

（3）监管不完善

互联网金融平台的快速发展使监管部门产生了滞后性，监管政策和法规的制定需要与实际情况相适应。

8.3.5　互联网金融平台的发展趋势

未来互联网金融平台的发展趋势包括：

（1）多元化产品

互联网金融平台将向多元化产品方向发展，包括更为特色化、多样化的投融资产品，以满足用户多样化的金融需求。

（2）跨界合作

互联网金融平台将与实体经济结合更加紧密，通过与传统金融机构、科技公司等的合作，实现资源共享和优势互补。

（3）加强监管

未来监管部门将加强对互联网金融平台的监管力度，完善相关法规和政策，维护金融市场的稳定和健康发展。

8.3.6　我国"互联网＋航运平台"发展现状

航运金融以航运业为平台，基于航运资源资本化、航运资产资本化、航运未来收益及产权资本化的原则，包括航运企业运作过程中发生的融资、保险等各项经济活动。航运业遇上互联网，开启了一个大变革。中国是航运大国，航运物流有着相当重要的地位。互联网作为一种极具革命性的技术应用，为我们提供了开放、共享、平等、融合的环境和大众创业、万众创新的平台。遇上互联网，航运业正面临亘古未有的大变革。现今，包括中远旗下的如中远集装箱运输有限公司、上海泛亚航运有限公司等纷纷进军互联网，开发出"中远集运电商""泛亚航运电商"等电子商务板块。这一类模式作为新型的营销渠道，主要向客户提供公司的各种运输服务，将线下航运业务搬到网络上来，是航运公司服务体系的一部分，也算是另一种线下营销到线上交易。

另一种模式是航运公司或互联网公司搭建第三方全行业交易平台，如海运订舱网、锦程物流网等属于"B2B"或"B2C"平台。航运业正在探索如何把传统航运和互联网模式很好地结合起来，都看准了要从"平台"开始做起。但是，在众多平台之中有一小部分似乎并不仅是平台，比如船讯网（shipxy）、海运圈商务网（MarineCircle）等。它们通过已有的资源开发航运工具，吸引航运从业者聚集，将工具和平台结合，反而有了自己独特的模式。

如船讯网（shipxy），已在行业内积累多年，AIS定位信息作为其核心工具产品，在整个海运圈积累了无数用户。"船讯网"是一个实时查询船舶动态的公众服务网站，能够为船东、货主、船舶代理、货运代理（以下简称"货代"）、船员及其家属，提供船舶实时动态，能给船舶安全航行管理、港口调度计划、物流、航运代理、货运代理带来极大的方便。随着互联网信息的获取越来越便捷，船舶动态的查询也并不是一个非常好的盈利模式，船讯网不得不开始探索新的盈利点，借着自身工具所积累的用户，船讯网推出了"快船"租船平台，有效地将AIS信息同租船结合起来。

相比于船讯网，海运圈商务网在商业模式是首先从工具入手，历时多年开发的航运工具软件（航程计算及航次预算），以提供港口间的航程计算和航次预算服务为基础，进而发展成一个集租船、社交、工具和资讯于一身的散杂货租船的专业平台。由于其用户主要是租船需求，受众不同于船讯网的AIS船位信息查询客户。但是海运圈商务网作为全球少数几家能提供精确航程计算服务的公司，其用户已遍及全球各地。

航运电商可以按照平台性质和业务板块来区分。平台性质分为两类，第一类是船东自行设立的电商平台，是其日常运营服务的延伸。主要作为货代对接货代的平台，提供服务保障，确保货物运输安全，按照货代的交易历史、资质、航线等进行大数据运算，帮助选择货代，并在后期交易流程中对监督和结算过程发挥一定的保障作用。范围覆盖了舱位服务、产品服务、网点服务、交易安全保障等。第二类是第三方构建的电商平台，依靠互联网，并借助航运衍生品赚取利润的新兴平台，主要将网络科技手段与传统航运业务相结合，帮助货代进行市场推广，协助货主寻找合适的承运商，发布询盘、运价，帮助货代进行运价搜索、在线委托、线上询价、报价与下单、交易与支付等。按照业务板块分类则分为集装箱船、散货船和租船三块。

目前，国内现有的"互联网＋航运"共有四大业务模式：信息查询类；船舶公司在线订舱平台；货代间交易平台；外贸企业一站式航运服务平台。

（1）信息查询类

代表企业：维运网、船讯网、集运宝典等。

模式概述：在航运领域存在大量的信息孤岛，而这就给了信息查询类的互联网平台，提供了发展机遇。以维运网等为代表的平台，通过整合港口、海关、船公司等相关数据，为外贸企业与货代企业提供船期、航程、预配舱单、进箱计划、海关放行等信息。

（2）船公司在线订舱平台

代表企业：一海通、海运订舱网、泛亚电商等。

模式概述：面对汹涌的互联网洪流，航运上游的船舶公司也不甘寂寞，目前，国内各大船舶公司也自建了相关的在线订舱平台，如一海通（中海背景）、泛亚电商（中远背景）、海运订舱网（中外运背景）等。通过这样的方式，为行业中的货代企业与外贸企业提供快捷的在线订舱服务。

（3）货代间交易平台

代表企业：365货代助手、九爪鱼、大掌柜等。

模式概述：在航运领域，有着大量的货代企业。这些货代企业之间，有着互相询价与交易的需求。因此，就催生了365货代助手、九爪鱼、大掌柜等这样的货代间交易平台。

（4）外贸企业一站式航运服务平台

代表企业：运去哪、航运城、二货网等。

模式概述：此类平台主要的服务对象就是外贸企业，通过整合不同港口、不同行业的优势货代企业、报关行、车队等，结合平台标准化的监管与服务，缩减传统的中间相关环节，为外贸企业提供一站式在线航运服务。

8.4 "互联网+航运金融监管"及服务模式

8.4.1 互联网金融监管的定义及存在问题

8.4.1.1 互联网金融监管的定义

互联网金融监管是指对互联网金融的法律风险、操作风险、传染风险、声誉风险、流动性风险、信用风险和市场风险等制定法律规则,采取有针对性的措施,加强和改善监管,以实现互联网金融的可持续发展和保护互联网金融消费者的利益。

8.4.1.2 互联网金融监管存在的主要问题

互联网金融作为新兴的金融业态,由于其科技的创新和复杂性,给监管带来了风险和不确定性。互联网金融公司在运营模式上与传统金融机构有较大差距,为维护投资者的合法权益,互联网金融需要开展有针对性和有效的监督。现阶段互联网金融监管主要存在以下问题。

①监管边界模糊。互联网金融的迅速发展,给金融市场注入活力的同时,也造成了边界模糊的问题。

②数据存在安全风险。由于互联网金融的特殊性,如何做好投资者的信息安全保护,保护用户个人信息安全和交易数据安全,仍然存在不确定因素。

③现行金融监管体制难以全面有效地监管互联网金融,监管信息难以集中、监管能力分散、监管重叠与监管缺位并存,监管资源浪费严重。

④监管机构不明确,监管执法有偏差。互联网金融的跨业性、专业性都急需一个统一的监管机构,但这一机构目前并不存在。而现行的监管体制并未明确互联网金融的监管主体,这就极易出现多头监管或者无人监管的问题。

⑤缺乏明确具体的监管规则。只有明确具体的金融监管规则,才有助于调整和规范金融体系各参与主体的行为,准确界定其行为界限,并对其相互冲突

的利益作出妥当的安排。

⑥缺乏制度监管。中国已经出台了一系列互联网金融监管政策。2015年，中国人民银行等十部委联合印发了《关于促进互联网金融健康发展的指导意见》，以及《互联网保险业务监管暂行办法》等分类监管细则，《非银行支付机构网络支付业务管理办法（征求意见稿）》等，进一步规范市场秩序的规定。但是监管体系仍在不断完善中，需要进一步细化管理制度，为互联网金融健康发展营造良好环境。

⑦缺乏有效的监管手段。我国针对互联网金融业采取的监管手段不能满足监管要求，采用的手段和组织形式有待进一步完善。互联网金融业的创新发展比较迅速，属技术密集型行业，因此我国对互联网金融监管人员提出了更高的要求来适应金融监管模式，以提高监管效率。

在经济新常态和供给侧改革的大背景之下，互联网金融创新作为金融行业中的新兴组成部分，如果我国的监管政策处理和管控得当，互联网金融将推动中国经济产业升级，成为企业转型升级的有效助力；如果监管失控或处理不到位，互联网金融也可能会引发系统性的金融风险。加强互联网金融监管创新，是促进互联网金融健康发展的内在要求。

8.4.2 "互联网+航运金融监管"的定义、存在问题及努力目标

8.4.2.1 "互联网+航运金融监管"的定义

"互联网+航运金融监管及服务模式"是指利用互联网技术和金融科技手段，结合监管机构的监管要求，为航运金融领域提供更加高效、安全和便捷的监管与服务模式。这种模式包括监管科技的应用、智能合规解决方案的开发、跨界数据共享和合法合规风险控制等方式，以提高航运金融行业的合规性和运营效率。

8.4.2.2 "互联网+航运金融监管及服务模式"存在的问题

"互联网+"本身的特点是广泛无界限，所以"互联网+航运"是从传统航运到互联网航运突破瓶颈走向无限可能的过程。在"互联网+"模式下，

航运金融监管的服务模式需要应对电商运营中出现的各种风险和纠纷。这些风险主要集中在四个环节：第一，货主在电商平台上下单预约后，与货代企业的线下实际订舱过程中可能会出现预约纠纷；第二，支付环节存在风险，包括线上订单和运输安排后的支付安全和支付压力问题；第三，货主和货代对互联网交易缺乏信任，可能导致虚假报价和临时涨价等问题，以及线上填单信息遗漏导致的货物损坏，这些情况都会影响货主对电商平台的信任；第四，现有法律条款对线下订舱有明确规定，但对线上订舱的有效性缺乏法律约束，形成了法律盲点。

上面所提及纠纷可以大致归纳为线上操作、结算、信用、法律、金融五方面问题，这就需要加强对"互联网＋航运"业务过程的监管。另外，涉及"互联网＋航运"业务过程的法律，也存在滞后性的情况。由于大部分法律问题都是微观的，只有实实在在发生了，才能分析个例的原因。计算机本身的危险性、黑客技术、签字盖章的伪造等都给交易带来了不确定性和不安全因素，也存在技术上的危险性。对于电子化和互联网化的航运市场肯定是始料未及的，跨入"互联网＋航运"的全时代也不会在一天之间到来，因此从法律法规层面来说，任何行业都需要法律法规来规范，新兴业态更是如此。

因此，航运金融监管的服务模式需要通过加强沟通、建立信任、提供安全的支付系统和法律支持，来解决这些问题，确保"互联网＋航运"模式的健康发展。

8.4.2.3 "互联网＋航运金融监管"未来发展的方向

"互联网＋航运金融监管"的未来努力目标可以从以下7个方面展开。

①完善法律法规：制定更加严密和完善的航运金融法律法规，确保监管有法可依。同时，加强与国际法规的接轨，提高监管的国际合作性。

②强化技术创新：利用区块链、大数据等先进技术，提高航运金融监管的效率和准确性。通过技术手段实现信息的透明化和可追溯性，减少信息不对称和欺诈风险。

③提升监管效能：建立权威的监管机构，加强监管人员的培训，提高监管的专业性和能力。同时，加强跨部门协作，形成监管合力。

④优化金融服务：鼓励金融机构创新"互联网+航运金融"服务，提供便捷、高效的金融产品和服务，支持航运业的发展。

⑤保障数据安全和隐私：建立严格的数据安全和隐私保护制度，加强数据加密和防护技术，防范黑客攻击和信息泄露风险。

⑥加强信用体系建设：建立航运金融信用体系，对交易主体进行信用评估和监控，提高市场的诚信水平，降低信用风险。

⑦推动行业自律：鼓励航运金融企业和从业者加强自律，遵守行业规范，提高行业整体素质和健康发展。

综上所述，"互联网+航运金融监管"旨在建立一个安全、高效、有序的航运金融市场，促进航运业的可持续发展。

思考与练习

1. 什么是"互联网+航运金融"？
2. "互联网+航运金融"有什么特点？
3. "互联网+航运金融"主要业务包括哪些？
4. "互联网+航运金融"的发展现状如何？
5. "互联网+航运金融企业"的主要特点包括哪些？
6. "互联网+航运金融平台"的优势有哪些？
7. "互联网+航运金融企业"面临的挑战有哪些？
8. 什么是"互联网+航运金融监管"？

第 9 章 绿色航运金融

案例导入

"双碳"背景下,航运金融如何破局?

根据国际能源署(IEA)统计数据,全球碳排放第二大行业为交通运输业,仅次于能源发电与供热,碳排量占全球比重达 26%。随着全球碳达峰、碳中和目标的不断推进,交通运输领域也随之掀起了碳中和的高潮,其中船舶融资正在朝着绿色化方向发展。在相关政策红利持续释放的背景下,作为蓝海领域,航运界的金融创新产品不断涌现,已成为影响船舶融资、航运资本市场表现的重要力量。

2021 年中国人民银行工作会议首次在重点工作层面专门部署"绿色金融",要求落实碳达峰、碳中和重大决策部署,完善绿色金融政策框架和激励机制。实现净零碳经济并非易事,推动经济社会更加绿色、可持续发展,需要金融部门积极参与。作为资金密集型行业,航运业需要大量融资的需求,全球航运业节能减排目标的实现需要金融业的支持。2022 年,投资者以及 CEO 们无疑将更加关注气候监管的动向。与此同时,随着航运融资绿色议程提速,"波塞冬准则"签署加快,绿色债券发行,融资发放将更多加入环境、社会和公司治理表现(ESG)的考量。在这样的背景下,中国租赁公司纷纷加入进来,进一步支持能源效率升级、污染防治和控制、低碳及清洁燃料、可持续运输等合格绿色项目的融资或再融资,助力中国航运业实现绿色环保及可持续发展。

(资料来源:航运界)

9.1 绿色航运金融的特点与类型

9.1.1 绿色航运的定义、特点与类型

9.1.1.1 绿色航运的定义

绿色航运是指采用环保、低碳、可持续发展的航运方式，以减少对环境的污染和对气候变化的影响。随着全球气候变化和环境问题的日益突出，绿色航运成为了国际社会关注的焦点。作为全球贸易和物流的重要组成部分，航运业对环境的影响日益受到关注。因此，加强对绿色航运发展的支持已成为全球各国政府所面临的共同任务。

绿色航运不仅是指在经营时注意经济效益和保护环境结合，更重要的是强调航运效益和环境的相互协调，使之可持续发展，将现代科学技术运用到港口船舶以及日常管理，使其节能高效的航运。从而能够做到不因当代人的急功近利而牺牲后代人的长远福祉。从环境和可持续发展的角度建立的环境共生型的航运管理系统，其本质上是具有可持续发展和环境保护内涵的航运模式。

9.1.1.2 绿色航运的特点与类型

与传统航运相比，绿色航运的特点主要体现在航运的技术措施的建造升级方面，包括：

（1）在船舶设计与建造方面

绿色航运以改善船舶的能源效率和减少碳排放为首要任务，优先使用节能材料和技术，减轻船舶自身重量，提高自航能力，降低能源消耗。船舶的外形设计也考虑了减阻风阻，减少能源浪费。

（2）在动力系统的升级方面

由于船舶的动力系统对绿色航运起着至关重要的作用，因此采用了高效、清洁的燃料和动力技术，如液化天然气（LNG）替代传统的重油燃料，实现显

著降低碳排放和大气污染物排放的目标。

(3) 在航行辅助技术方面

采用了先进的导航和航行辅助技术,如航行自动化系统、大数据与人工智能技术等,以提高航行的安全性、可靠性和能源利用效率。此外,这些技术还能够减少人为操作的错误,降低船舶事故的风险。

9.1.2 绿色航运的社会与经济价值

9.1.2.1 绿色航运的社会价值

绿色航运在社会价值方面,主要体现在以下两个方面。

(1) 绿色航运有利于社会经济可持续发展

绿色航运是建立在维护地球环境和可持续发展的基础之上,强调在物流活动全过程采取与环境和谐相处的理念和措施,减少航运活动对环境的危害,避免资源浪费,因此有利于社会经济可持续发展。

(2) 绿色航运对航运企业有积极先进的价值导向

首先,消费者对企业的接受和认可不再仅限于关注其是否能够提供质优价廉的产品和服务,还越来越关注企业是否具有社会责任感,即企业是否超越把利润作为唯一目标的传统理念,在生产过程中是否注重对人的价值的关注,是否对消费者、对环境、对社会作出积极的贡献。因此发展绿色物流有利于提高企业在消费者心目中的形象。其次,实施航运绿色化,企业更容易获得一些环境标准体系的认证,如 ISO14000 环境管理体系,从而在激烈的全球航运市场竞争中占据优势。

9.1.2.2 绿色航运的经济价值

绿色航运在经济价值方面,主要体现在以下两个方面。

(1) 绿色航运有利于企业获得竞争优势

对各个企业来说,接受绿色航运这一责任并不意味着经济上的损失,因为符合并超过政府和环境组织对某一工业的要求,能使企业减少物料和操作成本,从而增强其竞争力。实际上,良好的环境行为恰似企业发展的推进器而不是障碍。绿色航运的核心思想正在于实现航运企业生产活动与社会和生态效益的协调,以此形成高于竞争对手的相对竞争优势,从而在激烈的竞争中获得发展。

(2) 绿色航运有利于企业降低成本

绿色航运还是企业最大限度降低经营成本的必由之路。一般认为,产品从投产到销出,制造加工时间仅占10%,而几乎90%的时间为仓储、运输、装卸、分装、流通加工、信息处理等物流过程。因此物流成本在产品的整个系统中占据了较大的比例。传统的物流基本上还是高投入大物流,低投入小物流的运作模式,而绿色物流强调的是低投入大物流的方式。显而易见,绿色物流不仅是一般物流所追求的降低成本,更重要的是物流的绿色化和节能高效少污染,由此可以带来物流经营成本的大幅度下降。

(3) 绿色航运可以提高企业品牌价值

品牌价值是由市场占有率、品牌的超值创利能力、品牌的发展潜力等因素决定的。绿色航运从船舶的开发设计,整个运输生产流程,到其最终消费都纳入了对环境因素的考虑,其构建不但可以降低废旧船舶及原料回收的成本,而且有利于提高企业形象、企业声誉,提高市场占有率,从而增加品牌价值和寿命,间接地增强企业的竞争力。

(4) 绿色航运可以破除绿色贸易壁垒

随着经济全球化的发展,一些传统的关税和非关税壁垒逐渐淡化,而绿色壁垒却逐渐兴起。从加入WTO开始,我国的物流行业在经过合理过渡期后,取消了对大部分外国股权限制,外国航运企业进入我国市场,给国内航运企业带来巨大冲击,航运业的竞争激烈程度进一步加剧。只有加紧发展绿色航运,积极申请绿色认证,才能破除各国的绿色贸易壁垒,在国际航运市场中争取更大的市场份额。

9.1.3 我国绿色航运存在的问题

我国发展绿色航运,目前还存在以下5个问题。

(1) 绿色航运观念陌生

长久以来,人们对海洋的熟悉程度远远不够,航运知识缺乏,绿色航运知识模糊，观念模糊对发展产生障碍：政策决策部门难以制定出绿色航运整体发展策略；经营者对绿色航运的认识不够，往往只注重产品本身，要是绿色产品，要有绿色标识，实行绿色营销等，而忽略了绿色航运。

（2）相关法律制度缺失

尽管我国自20世纪90年代以来，治理环境污染方面的政策和法规等颁布了不少，但针对航运行业的还不是很多。例如，船东、租船方的减排责任区分。

（3）航运技术不能匹配

发展绿色航运，离不开绿色技术的掌握和应用。在"重碳经济"向"低碳经济"转型的全球未来发展总趋势下，安全、环保、节能的"绿色船舶"开发是大势所趋。而我们的航运技术的研发和利用都与绿色航运要求具有较大的差距，如船舶绿色化、航运活动的机械化、自动化、信息化程度不高，航运材料的使用与绿色航运倡导的可重用性、可降解性也存在相当大的差距。

（4）航运行业发展相对滞后，航运基础设施现代化程度有待提高

航运行业的发展离不开航线、信息化、码头、物流配送场所等一系列基础设施的建设，而设施的建设不是一朝一夕就能实现的，是一个渐进的过程。同时，航运业存在规模效益，船舶的大型化、码头的共用化能大幅度地改变企业的效益。

（5）航运管理人员匮乏

有资料表明，现阶段从事航运管理工作的人员，大多都没有经过专业的学习，多由计算机和管理方向专业的人员承担。在航运人才培养方面，多层次、多样化航运教育体系是保证航运产业形成合理人才结构、提高航运管理水平的决定性因素。

9.1.4 我国绿色航运未来发展趋势

我国绿色航运的未来发展趋势包括以下三个方面。

（1）新能源技术的应用

随着新能源技术的发展和成熟，如太阳能、风能等，船舶行业有望逐步引入这些清洁能源，以减少对化石燃料的依赖，进一步降低碳排放。

(2) 船舶智能化与自动化

船舶智能化和自动化技术将成为未来绿色航运的重要趋势。通过先进的传感器、网络通信和自主导航技术，船舶可以实现更加高效和环保的运营。

(3) 国际合作与经验分享

绿色航运是全球性问题，国际合作与经验分享将在未来得到进一步加强。各国船舶行业可以通过合作开展研发、技术交流和政策制定，共同推动绿色航运的发展。

9.1.5 绿色金融的定义、内涵、特点与类型

9.1.5.1 绿色金融的定义、内涵

绿色金融是指为支持环境改善、应对气候变化和资源节约高效利用的经济活动，即对环保、节能、清洁能源、绿色交通、绿色建筑等领域的项目投融资、项目运营、风险管理等所提供的金融服务。

绿色金融把环境保护作为一项基本政策，在投融资决策中重点考虑潜在的环境影响，把与环境条件相关的潜在的回报、风险和成本都要融合进银行的日常业务中，在金融经营活动中同样也注重对生态环境的保护以及环境污染的治理，通过对社会经济资源的引导，引导资金流向节约资源技术开发和生态环境保护产业，引导企业生产注重绿色环保，引导消费者形成绿色消费理念，保持可持续发展，避免注重短期利益的过度投机行为，促进社会的可持续发展。因此，绿色金融涉及如何促进环保和经济社会的可持续发展和金融业自身的可持续发展两大内涵。

9.1.5.2 绿色金融的特点与类型

绿色金融与传统金融中的政策性金融有共同点，即它的实施需要由政府政策推动。传统金融业在现行政策和"经济人"思想引导下，或者以经济效益为目标，或者以完成政策任务为职责，而环境资源是公共品，除非有政策规定，金融机构不可能主动考虑贷款方的生产或服务是否具有生态效率，因此，绿色金融更多体现为政策推动型金融。绿色金融的特点与类型主要体现在以下

5个方面。

(1) 人类社会的生存环境利益

与传统金融相比，绿色金融最突出的特点就是，它更强调人类社会的生存环境利益，它将对环境保护和对资源的有效利用程度作为计量其活动成效的标准之一，通过自身活动引导各经济主体注重自然生态平衡。它讲求金融活动与环境保护、生态平衡的协调发展，最终实现经济社会的可持续发展。

(2) 范围动态变化

这种动态变化表现在两个方面：一种是随生态环境保护目标和重点任务的调整，绿色领域范围随之调整，如某些细分领域的消失或新增；二是随经济社会发展和科学技术进步，采用相对标准界定的绿色领域和非绿色领域随之发生变化，过去是纳入绿色领域的清洁生产或节能技术，随着技术发展革新，以后可能成为落后产能而归入非绿色领域。上述两个方面是绿色金融支持范围呈现阶段性的重要原因。

(3) 符合政策导向

向绿色领域的投资符合国家战略方向，具有相对较低的政策风险。相反，投向非绿色领域则存在较大的环境和社会风险。这种导向作用，有利于增强社会资本长期投资信心，提前谋划尽早布局绿色投资，助力绿色产业的培育、发展及壮大。

(4) 急需激励机制

绿色领域普遍具有较强的公益性特征，通常需要政府付费或提供可行性缺口补助。尽管绿色投资符合国家政策导向，但总体来看由于投资回报机制不够健全，商业模式尚不完善，急需金融、财政等政策协力发挥增信和降成本作用，以吸引社会资本投资。

(5) 产生额外成本

额外成本主要是指区分绿色领域和非绿色领域以使用差别化政策机制所需要新增的成本，如绿色信贷、绿色债券、绿色股权、绿色基金、绿色信托、绿色租赁等绿色金融产品的认定或评估认证，绿色金融信息披露，绿色项目环境效益核算，资金是否投向绿色领域的监督机制等。

绿色金融的本质是一种金融活动。它是一种促进环境保护与改善、应对复杂气候变化问题、高效节约利用能源的经济活动手段，是以保护自然环境为出发点的金融服务。绿色金融的核心所在就是在经济持续向前发展的过程中，注重环境保护，通过环境与经济增长的协调，实现可持续发展。在国际中，绿色金融被学术界普遍理解为通过各种金融工具的使用来应对环境问题，保护环境。

9.1.6　我国绿色航运金融的发展现状

金融支持在绿色航运发展中起着重要的作用，然而目前存在的挑战和问题需要政策的支持和引导。绿色航运对于实现可持续发展目标具有重要意义。传统航运使用的燃油污染大气，产生温室气体排放，对海洋生态环境造成破坏。同时，传统航运使用的燃油是非可再生能源，资源消耗严重。然而，绿色航运的发展面临着一些挑战。首先是技术和设备的升级成本高，很多船舶需要重新设计和改造。其次是绿色航运的市场需求相对较小，投资回报周期长，增加了投资的风险。

随着全球环境问题的日益严重，绿色航运已成为国际社会的共识。为应对这一趋势，国内也开始加快绿色航运的发展，并逐步形成了一套完整的绿色航运金融政策体系。首先，中国政府出台了一系列鼓励绿色航运的政策措施。例如，鼓励船舶企业采用新能源船舶技术和船舶节能技术，支持绿色航运相关项目的融资和投资等。其次，国内各大银行也加强了对绿色航运的金融支持。从2016年开始，中国工商银行、中国银行、中国农业银行、中国建设银行等银行相继推出了绿色航运金融产品，如绿色船舶贷款、绿色航运基金等，为绿色航运企业提供了融资支持。此外，中国还积极推进与国际组织的合作，加强绿色航运领域的信息共享和技术交流。例如，中国与国际海事组织合作，共同推进绿色航运标准的制定和推广。

总体来说，国内绿色航运金融发展已经初具规模和成效，但现有的金融支持仍存在一些问题。首先，支持力度不够，投资额度有限，难以满足绿色航运项目的融资需求。其次，金融产品和服务的创新不够，缺乏灵活性和针对性。此外，金融机构对绿色航运的风险认知不足，导致对项目的评估和审批存在难题，因此国内绿色航运金融发展仍需不断加强政策和技术的创新和提升，可以采取以下政策。

(1) 加大金融支持力度

政府应加大对绿色航运的金融支持力度，通过提供贷款和风险投资等方式，鼓励金融机构为绿色航运项目提供资金支持。同时，政府还应制定激励措施，如减免税收和补贴奖励，降低绿色航运项目的融资成本。

(2) 创新金融产品和服务

金融机构需要创新金融产品和服务，以满足绿色航运项目的融资需求。例如，可以开发专门针对绿色航运的绿色债券和绿色基金，吸引更多的投资者参与。此外，金融机构还可以提供风险分担机制和绿色航运投资咨询服务，降低项目的投资风险。

(3) 加强风险评估和监管

金融机构在支持绿色航运项目时，需要加强风险评估和监管工作。政府应建立绿色航运项目的评估和审批标准，明确项目的环境和社会效益，并对项目进行跟踪和监测。同时，金融机构需要加强对绿色航运项目的风险管理，确保投资者的权益和资金的安全。

(4) 促进国际合作和交流

中国政府应加强与其他国家和国际组织的合作，共同推动绿色航运的发展。可以通过成立绿色航运发展基金、举办绿色航运论坛等方式，促进国际合作和交流。此外，中国政府还可以推动绿色航运的国际标准和认证体系的建立，提高项目的可信度和市场竞争力。

未来，中国将继续推进绿色航运的发展，构建更加完善的绿色航运金融体系，为推动全球绿色航运事业作出更大的贡献。

9.2 航运业与碳排放交易体系

9.2.1 碳排放交易的定义及由来

碳排放交易，是指运用市场经济来促进环境保护的重要机制，允许企业在碳排放交易规定的排放总量不突破的前提下，可以用这些减少的碳排放量，使用或交易企业内部以及国内外的能源。碳排放交易（简称碳交易）是为促进全球温室气体减排，减少全球二氧化碳排放所采用的市场机制。联合国政府间气候变化专门委员会通过艰难谈判，于 1992 年 5 月 9 日通过《联合国气候变化框架公约》（UNFCCC，简称《公约》）。1997 年 12 月于日本京都通过了《公约》的第一个附加协议，即《京都议定书》（简称《议定书》）。《议定书》把市场机制作为解决二氧化碳为代表的温室气体减排问题的新路径，即把二氧化碳排放权作为一种商品，从而形成了二氧化碳排放权的交易，简称碳交易。

碳排放交易系统，简称 ETS，是建立在温室气体减排量基础上将排放权作为商品流通的交易市场。建立 ETS 有助于利用市场机制更有效地配置资源、控制温室气体排放。欧盟于 2005 年建立 ETS，将《京都议定书》下的减排目标分配给各成员国，然后再由各成员国根据国家分配计划分配给各企业，若企业通过技术升级、改造等手段，达到了减少二氧化碳排放的要求，可以将用不完的排放权卖给其他未完成减排目标的企业。EU ETS 是全球最大的碳排放总量控制与交易体系。中国"十二五"期间加强控制温室气体排放，建立自己的碳排放交易系统（ETS），确立自愿减排交易机制的基本管理框架、交易流程和监管办法，建立交易登记注册系统和信息发布制度，开展自愿减排交易活动，加强碳排放交易机构和第三方核证机构资质审核，严格审批条件和程序，加强监督管理和能力建设，在试点地区建立碳排放权交易登记注册系统、交易平台和监管核证制度。

9.2.2 航运业中的低碳发展现状、要求与影响

作为交通运输业的重要组成部分，航运所承载的贸易规模约占世界贸易总量的 80% 以上。航运是世界贸易和经济发展的助推器的同时，也是重要的温室气体和污染物排放源。根据世界经济论坛的数据，如果将航运业看成是一个国家，那它就是全球第六大温室气体排放国。在国际温室气体减排达成共识的大背景下，世界各国都将围绕"碳排放"而产生新的冲突与博弈，航运业也不可避免地加入进来，航运减碳问题得到了国际社会的高度关注，如何实现绿色转型也已成为全球航运业共同面临的课题。

9.2.2.1 航运业中的"碳"现状

过去,在三大运输系统(公路运输、空运和海运)中,海运被认为是最清洁的运输方式,但最新的研究发现,船舶也是重要污染源之一。有报告称,全球每年排放的氮氧化物气体中30%来自海上船舶。据了解,世界上船舶所排放的二氧化碳在2007年就已经达到11.2亿吨,约占全球主要温室气体排放量的4.5%。由于全球航运业将需要的燃油量不断攀升,温室气体的排放量也不断增加。

自2000年起,国际海事组织(IMO)开始对温室气体效应进行研究。IMO海洋环境保护委员会规划指出,未来将针对新船舶设定二氧化碳排放指数加以规范,并考虑制定船舶营运时二氧化碳的操作指数、二氧化碳测量的基本方法、二氧化碳的减排机制(包括碳税全球征收、温室气体交易或清洁发展等机制)、最佳实务指导书等方案。

9.2.2.2 低碳发展对航运业的要求

目前,全球变暖、环境污染、能源价格上涨成为不可回避的话题,低碳经济越来越受到重视。近年来,IMO对船舶的九大排放进行了有针对性的限制,这些将涉及我国航运业发展的根本利益,无形中提高了对我国航运业的要求:低碳经济要解决高能耗、高污染、高排放问题,循环经济要解决资源有限与需求无限的矛盾、经济发展与环境保护的矛盾,这要求整个行业要在经济和环境之中做出一个艰难的取舍。我国要从解决碳高消耗、高排放、高污染这一主要矛盾入手,调整产业结构、能源结构和能源消费结构,提高能源利用效率,以有利于建设生态文明,基本形成节约能源资源和保护生态环境的产业结构、增长方式和消费模式,达到循环经济形成较大规模的要求。

9.2.2.3 低碳经济对我国航运业及相关企业的影响

由于低碳经济的推行,市场对有限资源的争夺势必造成国际原油价格的攀升,而燃油成本在航运企业运营总成本中所占比例相当大。例如,中远航运股份有限公司发布的报告显示,该公司燃油成本占总成本的21%~24%。油价涨10%,公司的总成本将增长2.3%。如果国际原油市场价格不断调高,对航运公司的正常运营会形成很大压力。在高油价之下，航运市场的运价平衡就会被打破，部分企业由于成本提高而退出市场，市场供给就会相应减少，运价上升，达到一个新的平衡运价。面对高油价，航运企业有两个可能的选择：一是转向新能源。二是减少原油的使用量。

从降低燃料碳密度、降低单位运量能源消耗的视角出发，航运绿色低碳发展的关键路径包括加快发展航运替代能源、推广船舶能效提升技术与措施、加快建设绿色航运基础设施三个方面。

（1）加快发展航运替代能源

当前，航运业具有前景的替代燃料方案包括 LNG、甲醇、生物燃料、氢和氨燃料。从燃料的成熟度、环保特性来看，LNG 作为船用燃料在未来中期仍然为主流替代燃料。目前，ING 双燃料动力船舶的应用船型已覆盖油船、集装箱船、散货船、邮轮和客渡船等主要船型。

未来随着绿色燃料制备技术和清洁燃料船上应用技术的逐步成熟，绿色甲醇由于其更为优异的环保特性，预计将超过 LNG 成为最具竞争力的清洁燃料。根据国际能源署（IEA）发布的《2022 年世界能源展望》，氨燃料是实现航运业气候变化目标的关键，到 2050 年，石油将仅占用于船队液体燃料的 15%，未来航运燃料需求由氨（约 45%）、生物燃料（20%）和氢（20%）组成。

（2）推广船舶能效提升技术与措施

配备环保动力装置与系统。清洁燃料的发展与动力装置的发展相辅相成，面向船舶应用清洁燃料的发展需求，船舶动力装置与系统呈现出多元化的发展趋势，除内燃机外，燃料电池、锂电池、混合动力系统等新型动力装置与系统在船上的应用越来越多。

使用降碳技术和运营措施。通过技术措施提高能源效率是全球船舶能源效率管理的规定。主要的技术与措施包括轻质材料使用、船舶线型优化、减少阻力（推进器改进装置、球鼻型船首、空气润滑和船体表面等）、余热回收、脱硫装置、船载碳捕集系统、废气洗涤器、岸电等。

（3）加快建设绿色航运基础设施

将绿色低碳理念融入航运基础设施规划、设计、施工、运营、养护和管理全过程，全面推进绿色港口建设，主要包括与替代燃料和液化天然气相关的存储和物流设施、岸电设施等的建造。

自 2015 年起，凡进入排放控制区的船舶均不得使用硫含量高于 0.1% 的燃油。2020 年 1 月 1 日后，全球所有船舶均须使用硫含量低于 0.5% 的燃油，全球船舶燃油含硫量强制要求降低 80%。到 2030 年将每个运输环节的二氧化碳排放量至少减少 40%，争取到 2050 年比 2008 年减少 70%，到 2050 年比 2008 年减少 50% 的温室气体排放。全球海运业制定的首个温室气体减排战略，具有重要的里程碑意义。

9.3 航运碳资产管理

9.3.1 碳资产的定义与内涵

碳资产是碳交易产生的资产，是指在强制碳排放权交易机制或者自愿碳排放权交易机制下，产生的可直接或间接影响组织温室气体排放的配额排放权、减排信用额及相关活动。例如：

①在碳交易体系下，企业由政府分配的排放量配额。

②企业内部通过节能技改活动，减少企业的碳排放量。由于该行为使企业可在市场流转交易的排放量配额增加，因此，也可以被称为碳资产。

③企业投资开发的零排放项目或者减排项目所产生的减排信用额，且该项目成功申请了清洁发展机制项目（CDM）或者中国核证自愿减排项目（CCER），并在碳交易市场上进行交易或转让，此减排信用额也可称为碳资产。

"碳资产"是一个企业获得的额外产品，不是贷款，是可以出售的资产，同时还具有可储备性；碳资产的价格是随行就市，每年呈上涨趋势；其支付方式是外汇现金交割，"货到付款"外汇现金结算；除此之外，碳资产还有其他的独到含义。比如，买方信用评级极高，它既对股东有利，同时也对融资（贷方）有利；而且这将大大提升项目企业的公共形象，获得无形的社会附加值。

目前，国内外碳资产交易的主要方式有两种。

①期货交易：企业可以通过购买或出售碳排放权期货合约来进行风险管理

和投机操作。

②现货交易：企业可以直接在市场上购买或出售碳排放权，以满足自身的减排需求。

9.3.2 碳资产的由来及在世界各国的分布

在环境合理容量的前提下，规定包括二氧化碳在内的温室气体的排放行为要受到限制，由此导致碳的排放权和减排量额度（信用）开始稀缺，并成为一种有价产品。碳资产的推动者，是《联合国气候变化框架公约》和《京都议定书》的缔约方。这种逐渐稀缺的资产在《京都议定书》规定的发达国家与发展中国家共同但有区别的责任前提下，出现了流动的可能。一方面，由于发达国家有减排责任，而发展中国家没有，因此产生了碳资产在世界各国的分布不同。另一方面，减排的实质是能源问题，发达国家的能源利用效率高，能源结构优化，新的能源技术被大量采用，因此本国进一步减排的成本极高，难度较大。而发展中国家，能源效率低，减排空间大，成本也低。这导致了同一减排单位在不同国家之间存在着不同的成本，形成了高价差。发达国家需求很大，发展中国家供应能力也很大，国际碳交易市场由此产生。

9.3.3 碳资产管理

9.3.3.1 碳资产管理的定义

碳资产管理是指对企业产生的温室气体排放进行定量、监测、报告和验证的过程，以实现减排目标和降低碳排放成本。通过建立碳排放权、碳减排量等碳资产，企业可以在市场上进行交易和投资，从而推动清洁能源的发展和低碳经济的转型。

碳资产管理是指将碳排放权作为一种新型的资产进行管理和交易。随着全球气候变化问题的日益严峻，碳排放已经成为全球关注的问题之一。为了减缓气候变化的影响，许多国家和地区采取了碳交易机制，以鼓励减少碳排放。随着全球气候变化问题的日益严重，碳资产管理将成为绿色金融的重要组成部分。

9.3.3.2 碳资产管理的历史与由来

碳资产管理的概念最早可以追溯到20世纪70年代,当时主要应用于航空业。随着全球气候变化问题日益严重,碳资产管理逐渐发展成为一种重要的绿色金融工具。2009年,联合国气候变化框架公约签署,为全球碳市场的发展奠定了基础。2015年,巴黎协定达成,进一步推动了全球碳资产管理市场的发展。

2005年欧盟首次提出了碳交易概念,借助于欧盟碳金融体系,全球已培育出多层次的碳资产管理体系,并带动了全球碳金融产业的发展。碳资产管理与碳金融的交互作用,形成良性循环。二氧化碳排放权的金融属性的加强和市场的不断成熟,吸引投资银行、对冲基金、私募基金以及证券公司等金融机构甚至私人投资者竞相加入,碳资产管理已成为全球金融服务行业中成长最为迅速的业务之一。

近年来,国内高度重视低碳经济发展,制定了一系列政策措施,如《中国应对气候变化国家自主贡献》和《全国碳排放权交易市场建设方案》,为碳资产管理市场的发展创造了良好的政策环境。目前,中国已建立了全国碳排放权交易市场,覆盖了电力、钢铁、水泥等20多个行业,累计成交量超过10亿吨二氧化碳当量。

未来,碳资产管理将在以下3个方面取得更大的发展。

(1) 市场规模不断扩大

随着各国政府和企业对低碳经济的重视程度不断提高,碳资产管理市场规模将持续扩大。

(2) 技术创新不断推进

通过大数据、云计算、物联网等技术手段,提高碳资产管理的精确性和效率。

(3) 国际合作不断深化

各国政府和企业在碳资产管理领域的合作将更加紧密,共同推动全球低碳经济的发展。

9.3.3.3 碳资产管理的重要性与意义

碳资产管理是指对企业的碳排放及碳减排进行管理和优化，通过合理配置碳配额、开展碳交易等手段，实现节能减排和碳资产的有效盈利。随着全球气候变化问题的日益突出以及国际社会对碳交易的逐渐认可，碳资产管理已经成为各国政府和企业关注的重点，成为解决气候变化问题的一个重要途径。碳资产管理的重要性主要体现在以下 4 个方面。

（1）减缓气候变化

碳资产管理的核心目标是减少碳排放量。通过监控和管理碳排放源，企业可以采取相应的措施来减少二氧化碳等温室气体的释放。这种减红策略有助于减缓气候变化，降低全球变暖速度。

（2）实现可持续发展

碳资产管理可以帮助企业转变为低碳经济模式，提高资源利用效率，减少对环境的负面影响。通过减少碳排放量，企业可以实现更加可持续的发展，符合社会和政府的要求。

（3）节约成本

通过合理管理碳资产，企业可以降低碳税和碳排放配额的成本。同时，提高能源效率和资源利用效率也可以帮助企业降低运营成本。

（4）建立企业形象

碳资产管理能够向客户、投资者和员工展示企业对环境责任感和可持续发展的承诺。通过积极参与低碳经济转型，企业可以树立良好的企业形象，增强竞争力。

碳资产管理的意义在于，可以帮助企业实现节能减排、提高能源使用效率，降低企业经营成本。同时，碳资产管理可以使企业更好地应对碳排放税、贸易体系的变化和碳排放指数等政策的调整，为企业的可持续发展提供保障。更重要的是，碳资产管理可以为企业创造新的收益来源，并在市场上提高企业的竞争力。如果企业能够合理管理和配置碳资产，将使企业在面对各种未来的碳排放约束和碳交易市场的变化时更加灵活和弥补碳排放欠账的压力。

9.3.3.4 制定碳资产管理办法的必要性

碳资产管理办法的出现，对于碳市场的正常运行至关重要，其必要性包括以下3个方面。

（1）促进碳减排

通过对碳资产的管理，将减排成本转化为一种可以交易的资产，激励企业或机构更加积极地开展减排活动。

（2）优化碳资源配置

碳资产管理办法可以使得碳指标流动和配置更加高效，确保碳资源得到最优化的利用。

（3）防范碳市场风险

碳资产管理办法可以对碳市场进行监管，确保交易的公平公正，并防范市场操纵、价格垄断等不正当行为。

9.3.3.5 碳信用和碳资产管理的主要工作内容、方式

碳资产管理涉及碳信用的交易。碳信用是指通过减少碳排放所获得的信用，可以在碳交易市场上进行交易。这些碳信用可以用于投资可再生能源、实现低碳发展等。通过碳信用的交易，可以促进碳减排和可持续发展。

碳资产管理的核心是管理碳排放减少所带来的碳排放权。通过减少碳排放，企业或个人可以获得碳减排的奖励，也就是碳排放权。这些碳排放权可以在碳交易市场上进行交易，从而使企业或个人获得更多的收益。同时，通过管理碳资产，可以更好地控制和监督碳排放行为，从而实现更加可持续的发展。因此，碳资产管理的核心工作包括：碳排放核算、碳减排规划、碳配额管理、碳交易和碳信用认证等。碳资产管理还包括碳足迹的测量和监测。企业或个人通过测量碳足迹，可以更加清楚地了解自己的碳排放情况，从而制定更加有效的减排计划，实现碳减排的目标。

碳资产管理的主要方式包括：

（1）企业自行管理

企业通过内部核算、监测和报告温室气体排放情况，采用技术改造、节能降耗等措施减少排放。

(2) 第三方核查

企业委托专业机构对其温室气体排放情况进行核查，确保数据准确无误。

(3) 政府监管

政府部门对企业的温室气体排放进行监管，确保其符合法律法规要求。

9.4 商业银行的碳金融服务

9.4.1 碳金融的基本概念及起源

碳金融是指由《京都议定书》而兴起的低碳经济投融资活动，或称碳融资和碳物质的买卖，包括服务于限制温室气体排放的相关金融活动，如直接投融资、碳交易中介服务、碳指标交易、碳金融衍生品交易和银行贷款等。在中国，"碳金融"更多是指依托清洁发展机制（Clean Development Mechanism，CDM）而派生的金融活动。其中，CDM 指发达国家在发展中国家实施具有温室气体减排效果的项目，把项目所产生的温室气体减少的排放量抵扣本国承诺的温室气体排放量。这既能使发达国家以较低成本履行减排义务，也使发展中国家能够利用成本优势从发达国家获得资金和技术，促进可持续发展。

碳金融的兴起源于国际气候政策的变化，准确地说是涉及两个具有重大意义的国际公约《联合国气候变化框架公约》和《京都议定书》，其目的是运用金融资本去驱动环境权益的改良，以法律法规作支撑，利用金融手段和方式在市场化的平台上使得相关碳金融产品及其衍生品得以交易或者流通，将大气中温室气体浓度稳定在不对气候系统造成危害的水平，最终实现低碳发展、绿色发展、可持续发展。这种合作共赢方式受到了各方的认可，在发达国家和发展中国家间开启了一个巨大的碳交易市场。

9.4.2 碳金融的国内外现状及前景

《京都议定书》是人类历史上首次以法规的形式限制温室气体排放。为了促进各国完成温室气体减排目标，《京都议定书》允许采取以下四种减排方式：

①两个发达国家之间可以进行排放额度买卖的"排放权交易"，即难以完成削减任务的国家，可以花钱从超额完成任务的国家买进超出的额度；

②以"净排放量"计算温室气体排放量，即从本国实际排放量中扣除森林所吸收的二氧化碳的数量；

③可以采用绿色开发机制，促使发达国家和发展中国家共同减排温室气体；

④可以采用"集团方式"，即欧盟内部的许多国家可视为一个整体，采取有的国家削减、有的国家增加的方法，在总体上完成减排任务。

我国是最大的 CDM 项目供给国。按照《京都议定书》，作为发展中国家，我国在 2012 年前无须承担减排义务，在我国境内所有减少的温室气体排放量都可以按照 CDM 机制转变成核证减排单位，向发达国家出售。我国目前是 CDM 机制中二氧化碳核证减排量最大供给国，占到市场总供给的 70% 左右。而在原始 CDM 和 JI 项目需求结构中，由于《京都议定书》规定欧盟在 2012 年年底前温室气体减排量要比 1990 年水平降低 8%，而且欧盟对碳排放实施严格配额管制，因此欧洲国家需求量占据总需求的 75% 以上。日本也有约五分之一的需求份额。据世界银行预测，发达国家 2012 年完成 50 亿吨碳减排目标，其中至少有 30 亿吨来自我国市场供给。

碳金融市场处于起始阶段。我国目前有北京环境交易所、上海环境交易所、天津排放权交易所和深圳环境交易所，主要从事基于 CDM 项目的碳排放权交易，碳交易额年均达 22.5 亿美元，而国际市场碳金融规模已达 1419 亿美元。总体来说，我国碳治理、碳交易、碳金融、碳服务以及碳货币绑定发展路径尚处起始阶段，我国金融机构也没有充分参与到解决环境问题的发展思路上来，碳交易和碳金融产品开发也存在法律体系欠缺、监管和核查制度不完备等一系列问题，国内碳交易和碳金融市场尚未充分开展，也未开发出标准化交易合约，与当前欧美碳交易所开展业务的种类与规模都有相当差距。

碳金融市场发展前景广阔。我国正在实施转变经济发展方式，建立"两型社会"的发展战略，过去"三高"（高投入、高能耗、高增长）的粗放型发展模式不具有可持续性，必须转化为"两低一高"（低投入、低能耗、高增长）的集约型发展模式。

9.4.3 商业银行开展碳金融业务的必要性

碳金融是指服务于限制温室气体排放的相关金融活动。我国商业银行开展碳金融业务可以促进经济健康发展，推进商业银行经营战略转型并使其收入结构优化，培养商业银行良好的社会信誉。

碳金融兴起后，由于它独特的社会功能、新颖的运作机制和迅猛的发展态势，吸引各类金融机构纷纷投身于这一新的业务领域。我国碳金融市场的发展前景十分广阔，预示着巨大的金融需求和盈利商机。目前，中国的 CDM 项目数量居全球第一，碳市场潜力高达千亿元，内部机制日趋完备，蕴藏着巨大的投资价值。因此，我国商业银行开展碳金融业务的十分必要，具体体现在以下 7 个方面。

（1）促进经济健康发展

近年来，商业银行积极响应国家出台的金融促进经济发展的一系列政策，实现了信贷规模的大幅增长。与此同时，信贷投向应逐渐向符合 CDM 项目要求的领域和行业倾斜，带动我国 CDM 项目的发展，以达到同时实现短期保持经济增长速度和长期转变经济发展方式的双重目标。通过促进新能源的发展以带动实体经济摆脱危机，已成为当前各国的共识，而通过发展 CDM 项目，尤其是水能、风能和太阳能等项目，更可以带动我国新能源行业的发展，与国际经济发展趋势接轨。

（2）推进商业银行经营战略转型并使其收入结构优化

首先，CDM 项目中蕴含着对金融中介服务巨大的需求，商业银行通过提供财务顾问、资金账户管理、基金托管等业务，可以拓宽中间业务收入来源，逐步优化我国商业银行的收入结构；其次，碳金融作为一项全新的业务，客观要求商业银行创新业务运作模式、金融产品服务和风险管理方式，因而可以促进我国商业银行创新能力的提升。

（3）培养良好的社会信誉

碳金融的功能和目的就是减少温室气体的排放，逐步改善日益恶化的环境问题。商业银行从事碳金融业务,凭借信贷资金以及相关中介服务的支持,促进节能减排项目工程的开发,最终实现温室气体的减排,能够产生良好的社会效益。

(4) 促进社会效益

碳金融业务与我国商业银行已经开展的绿色信贷是相辅相成的,而且同绿色信贷相比,碳金融的社会效益具有更加客观的衡量标准和更为坚实的制度保障。目前,我国银行业竞争程度日益加剧,各大商业银行将履行社会责任作为一个全新的竞争点。

(5) 促进中国经济快速健康增长

商业银行作为碳金融发展的中坚力量,开展 CDM 项目等其他碳业务,实现了我国经济绿色健康发展的目标。商业银行顺应国际形势开展碳金融业务是发展的必然结果,表现出较大的活跃度。

(6) 商业银行迈向国际获得合作机会的需要

以发展最为良好的 CDM 项目为例来说明。CDM 项目是发展中国家接受发达国家对本国的节能减排项目进行投资的经济活动。一个项目涉及两个或两个以上的国家,因此我国商业银行更可以通过项目的合作来向发达国家学习,学习其谈判、管理能力。

(7) 商业银行可持续发展的要求

我国商业银行发展碳金融业务的一部分原因在于承担社会责任。全球变暖问题是每个国家都必须解决的问题,商业银行作为经济领域的中坚力量更应该率先进行碳金融业务的发展。第一,承担了社会减排义务;第二,创新了发展模式,符合利润最大化的经营原则。

9.4.4 我国商业银行碳金融产品类型介绍

我国商业银行各大银行皆在 2007 年后相继开展了碳金融业务,银行碳交易中间业务主要包括:碳交易保理、信用证等结算业务;碳基金托管;碳交易中介服务;与碳排放权交易挂钩的理财产品业务;碳信用期权、期货等衍生金融工具套期保值交易 5 种。它们以推出减排类金融理财产品为切入点,进入市场,商业银行碳金融产品类型包括:

(1) 碳排放权

碳排放权起源于排污权，基本做法是政府机构评估出在一定区域内满足环境容量的碳最大排放量，并将其分成若干份额，每一份额代表一份碳排放权。政府在发行市场上，采取招标、拍卖等方式将碳排放权有偿出卖给碳排放者，碳排放者购买到碳排放权后，可在流通市场上进行碳排放权的买入或卖出。

(2) 碳排放期货

我国商业银行可强势把握期货市场的定价，又能够规避国际碳交易价格波动的风险，为交易双方提供一个安全且迅速的交易平台。

(3) 碳基金

碳基金秉承风险共担、收益共享的经营理念，将投资者的闲散资金集聚于基金公司，通过专门的理财专家将资金投资于碳排放有关的基金产品上。首先它能够获得稳定收益，其次作为对减排工程的支持，也提供了资金援助。

(4) 碳交易货币

我国商业银行必须控制碳金融业务交易中的话语权，才能自主决定使用结算货币的类型。

(5) 其他碳金融工具

9.4.5 我国商业银行碳金融业务存在的主要问题

国外商业银行有关"碳金融"的理论和实践已经深入开展，并取得了相当成果，有效地推动着世界经济向低碳转型。反观国内，尽管中国商业银行的碳金融业务有着广阔的市场前景和发展空间，但是有关学术研究尚未真正开始，各商业银行的碳金融实践还只是刚刚起步。我国商业银行碳金融业务存在的主要问题如下。

(1) 碳交易模式尚未完备

因为中国碳交易起步较晚，落后于国际发展水平，缺陷已经显现。以我国目前的碳交易市场发展水平来看，仍以 CDM 项目为核心，没有达到国际合约规定的标准要求，合约中的漏洞使碳交易双方合作不稳定，同时，碳交易模式中类型单一也很棘手，单一的交易规则使市场缺乏活力。

（2）在世界碳交易市场中处于劣势

CDM 项目数量在我国所占比重位居全球第一，但仍因为起步较晚、交易规则的陌生、碳交易经营管理水平较低等多种劣势使得我国在世界市场上出卖 CDM 项目受到了买方国家的限制，最为关键的便是价格限制（失去了对 CDM 的定价权）。因此，碳交易货币的选择也只能服从于发达国家的安排。

（3）尚未完全认清碳交易的巨大投资潜力

由于我国市场需求，商业银行主要的业务仍然是发放贷款、吸收存款等基本的资产负债业务。对于业务扩展，在碳金融领域仍然较为狭窄。虽然在 2007 年开始已经有许多银行开始开展此类业务，但由于商业银行尚未认清碳市场巨大的投资潜力，从而没有给予足够的重视，使得碳金融发展趋于缓慢。

思考与练习

1. 什么是绿色航运？
2. 绿色航运具有什么样的社会和经济价值？
3. 国内绿色航运金融的发展现状是什么？
4. 什么是碳排放交易？
5. 低碳发展对航运业的要求是怎样的？
6. 碳资产管理的定义是什么？
7. 碳资产管理的重要性体现在哪些方面？
8. 什么是"碳金融"？

第10章 航运金融科技

> **案例导入**

2020年2月26日,全球9家行业领先的航运公司和码头运营商,共同签署了股东协议,同意加入全球航运业务区块链网络(GSBN),标志着航运巨头和港口之间将加强数字化共享和合作。这九大行业巨头包括:达飞集团、中远海运集运、中远海运港口、赫伯罗特、和记港口集团、东方海外、青岛港集团、新加坡国际港务集团和上港集团。GSBN一旦获得所有监管机构的批准,将引领创新应用程序的开发,建立为一个非营利组织,为供应链中的所有利益相关者运营并提供一个安全可靠的数据交换平台,并引入各种创新服务和应用程序,以简化运营流程和总体效率。

赫伯罗特(Hapag-Lloyd)IT董事总经理Martin Gnass说:"已签署的股东协议象征着重要的里程碑,它确保了一个范围广泛的数字化安全协作平台,该平台旨在使全球供应链上的所有各方受益。我们预计,受信任的区块链平台将加速共享经过验证的物流和货物数据,简化整个供应链中的业务运营,并为每个利益相关者创造价值。"

SIPG战略与研究部经理丁松兵说:"航运业的现有数据交换和实践无法充分解决所有码头运营细节,从而导致错过了提高整体效率的机会。随着终端运营商成为区块链平台的创始成员,我们相信,GSBN将利用终端方面的新机遇和现有机遇,加快行业数字化转型。"

在获得必要的监管批准后,GSBN将作为非营利组织运营,旨在为所有航运供应链参与者提供一个数据交换共享平台,加快航运业的数字化转型,其股东包括全球运营商和终端运营商。

(资料来源:中国港口网)

10.1　航运金融科技的特征和类型

金融科技的发展源于对传统金融机构和服务模式的挑战和改革需求。传统金融业务往往受限于烦琐的流程、低效率的服务和缺乏个性化的问题，而金融科技的兴起为这些问题提供了新的解决方案。

金融科技的影响不仅局限于金融领域，也渗透到其他产业中，推动了数字经济的快速发展。在航运领域，金融科技的应用为航运企业和金融机构提供了更高效、智能化的解决方案，促进了航运金融科技的兴起和发展。深入了解金融科技的概念和发展趋势，有助于更好地理解航运金融科技的作用和发展路径，为航运领域提供新的视角和可能性。

在了解航运金融科技之前，了解金融科技的基本概念和发展趋势是非常重要的。这有助于我们更好地理解航运金融科技的作用和发展路径，为航运领域的金融服务提供新的视角和可能性。

10.1.1　金融科技的定义内涵、类型和特征

10.1.1.1　金融科技的定义内涵与类型

金融科技（Financial Technology，FinTech），是指利用现代科技手段来创新和优化金融服务领域的新兴领域。根据金融稳定理事会（FSB）的定义，金融科技是基于大数据、云计算、人工智能、区块链等一系列技术创新，全面应用于支付清算、借贷融资、财富管理、零售银行、保险、交易结算六大金融领域，从而对金融市场、金融机构或金融服务的提供方式造成重大影响，是金融业未来的主流趋势。金融科技涉及的技术具有更新迭代快、跨界、混业等特点，是大数据、人工智能、区块链技术等前沿颠覆性科技与传统金融业务与场景的叠加融合，其主要包括大数据金融、人工智能金融、区块链金融和量化金融四个核心部分。

作为金融与科技的结合，金融科技一方面包含传统金融机构利用科技手段

推动创新提高效率以及提升用户体验；另一方面，也为金融科技公司利用科技手段推出全新的金融产品或者为传统金融机构提供技术服务。近年来，金融科技的发展叠加融合了多个现代高新技术，呈现出以下 4 个主要趋势。

（1）人工智能的应用

人工智能技术的发展，为金融科技提供了更多的创新空间，包括智能客服、智能投顾、风险评估等。

（2）区块链的应用

区块链技术作为一种新的金融基础设施，具有去中心化、可追溯和可验证等特点，将在金融领域发挥重要作用。

（3）大数据的应用

金融行业拥有庞大的数据量，通过对这些数据的分析和挖掘，可以提供更加精准的金融服务和风险管理。

（4）跨界合作的加强

金融科技的发展将金融行业与科技、互联网等其他行业进行有机结合，推动跨界合作和共同发展。

10.1.1.2 金融科技的特征

金融科技是金融业和科技业相结合的产物，通过运用科技手段和创新的业务模式，为金融服务带来更高效的操作和更好的用户体验。近年来，金融科技行业迅速发展，具备了一些特征，包括：

（1）金融科技企业注重创新和独特的业务模式

传统金融机构往往受限于守旧的经营模式和复杂的决策流程，而金融科技企业注重创新，不断尝试新的商业模式和技术解决方案。例如，移动支付、区块链和人工智能等技术的应用，为金融行业带来了巨大的进步和革新。

（2）金融科技注重用户体验和便利性

金融科技企业常以用户为中心，致力于提供更便捷、更高效的金融服务。通过移动端的应用软件，用户可以随时随地进行金融操作，如转账、理财和支付等。此外，金融科技还借助大数据和人工智能等技术，通过分析用户的行为和偏好，为用户提供个性化的金融服务，从而提升用户体验和满意度。

(3) 金融科技企业具备较强的灵活性和适应性

金融科技企业往往以快速迭代、试错和持续创新为基本发展策略。他们能够迅速适应市场的变化和用户需求的变化，并及时调整自身的产品和服务。与传统金融机构相比，金融科技企业的决策周期较短，对市场变化更加敏感，更容易适应和掌握变化中的机会。

(4) 金融科技企业具备较低的成本和高效的运营模式

传统金融机构需要投入大量的资金和人力资源来维持庞大的机构和系统，而金融科技企业借助互联网技术，可以将大部分运营转移到线上，从而降低成本和提高效率。例如，通过自助机具和智能客服等技术，金融科技企业能够节约人力成本，并提供更高效的客户服务。

(5) 金融科技企业注重合作和生态建设

金融科技企业往往通过与其他企业和机构合作，共同打造金融科技生态圈。这种合作可以促进资源共享和业务创新，推动金融科技行业的发展。

(6) 金融科技兼备跨界融合性

金融科技不仅停留在金融领域，还与其他行业进行深度融合，形成了金融科技生态圈。例如，与电商、零售、医疗、保险等领域的合作，为用户提供全方位的金融服务。

(7) 金融科技具有较强的风险控制和安全性

传统金融机构的运作主要依赖于烦琐的流程和人工审核，容易出现人为的错误和风险。而金融科技通过引入智能化技术和人工智能，能够实现实时监控、自动化处理和快速反应，大大提高了风险控制和安全性。此外，金融科技企业还通过区块链技术等手段，加强数据的加密和安全性，保护用户的个人信息和资金安全。

(8) 金融科技具备全球化发展

金融科技企业可以利用互联网的便利性，通过全球化的网络和资源整合，迅速拓展国际市场。例如，支付宝、微信支付等中国的金融科技企业已经在全球范围内拓展业务，推动了全球金融科技的发展。与此同时，全球其他地区的金融科技企业也在不断崛起，形成了激烈的竞争格局。全球化的发展使金融科技行业具备了更大的市场规模和发展空间。

(9) 金融科技对社会产生了深远的影响

金融科技的发展不仅改变了金融行业的运作方式，还对整个社会产生了深远的影响。金融科技的发展有助于推动普惠金融，提高金融服务的覆盖面和可及性。通过金融科技，我们可以看到金融服务向农村和偏远地区延伸，向低收入群体和小微企业倾斜的趋势。金融科技还可以促进经济的创新和发展，为中小微企业提供融资支持，推动新兴产业和创业创新。

10.1.1.3　金融科技的应用及对金融行业的促进作用

金融科技在各个领域都有广泛的应用，包括但不限于以下几点。

(1) 支付和结算

移动支付和电子支付系统的快速发展，改变了人们的支付习惯，提高了支付效率，并且降低了支付成本。

(2) 金融中介

通过互联网平台，金融科技公司提供了智能化的金融咨询和投资服务，帮助用户更好地管理和增值自己的资产。

(3) 互联网金融

金融科技的发展推动了互联网金融的兴起，包括众筹、虚拟货币等，重新定义了传统金融的边界和模式。

(4) 风险管理

利用大数据和人工智能技术，金融科技公司能够更好地评估风险，并提供相应的风险管理策略。

金融科技在促进金融服务领域发展方面，表现出以下特征。

①在目标客户方面，普遍定位于中低端客户市场，从长尾客户入手，迅速扩大客户规模，很快形成市场影响力。

②在商业模式方面，强调跨界合作，注重构建平台化、场景化、移动化的互联网多元化金融生态圈。

③在服务方式方面，带有鲜明的数字化、智能化特征，通过大数据分析强化金融服务的灵活性，提供差异化、个性化服务，通过数字化的运营以及快速响应的组织架构提高金融服务效率。

移动支付、大数据分析、数字货币和数据区块链科技、智能交易与理财，这几大金融科技行业关键的科技进步,将会在以下四个维度促进我国金融行业发展进入一个全新的时代,包括维护国家金融安全、助力我国金融业"弯道超车"、实现民生普惠、助推"一带一路"建设。

10.1.2 航运金融科技的定义、类型和特征

10.1.2.1 航运金融科技的定义

航运金融科技是指运用现代科技手段,特别是信息技术和互联网技术,对航运金融业务进行创新和优化的金融服务模式。它包括对航运金融领域中的融资、保险、支付、结算等传统业务进行数字化、自动化和智能化改造,以及开发新的金融产品和服务,如基于大数据的航运风险评估、基于区块链的船舶登记和交易、基于人工智能的航运金融管理等。

航运金融科技的核心目标是提高航运金融业务的效率、降低成本、增强风险管理能力,同时为航运企业提供更便捷、个性化的金融服务。通过利用先进的技术,航运金融科技可以帮助金融机构更好地理解客户需求,提供更精准的金融解决方案,同时也有助于提升整个航运行业的金融服务水平。

随着全球航运业的不断发展,航运金融科技的重要性日益凸显。它不仅有助于提高航运企业的运营效率,降低运营成本,还有助于推动航运行业的数字化转型,为全球贸易和经济发展提供强有力的支持。

10.1.2.2 航运金融科技的类型

航运金融科技涵盖了各种技术和创新,使航运金融服务更高效、智能化和便捷。航运金融科技主要可以分为以下 8 种类型。

(1) 航运金融数字化

通过互联网和移动技术,将航运金融业务如融资、保险、结算等转移到线上,实现数字化处理,提高效率和便利性。

(2) 航运大数据分析

利用大数据技术分析航运市场的动态和趋势,为金融机构和航运企业提供决策支持,优化风险管理和投资策略。

(3) 航运区块链技术应用

区块链技术可以为航运金融提供去中心化的解决方案，如智能合约、船舶登记和交易等，提高数据安全性、透明度和可追溯性。

(4) 航运金融人工智能

运用人工智能技术，如机器学习、自然语言处理等，为航运金融提供智能化的风险评估、信用评分、客户服务等功能，提高服务效率和质量。

(5) 航运金融网络安全

随着航运金融业务向线上转移，网络安全成为重要议题。通过加密技术、安全认证、入侵检测等手段，保护航运金融数据的安全。

(6) 航运金融支付创新

开发创新的支付解决方案，如数字货币、移动支付等，为航运企业提供更加便捷、安全的支付和结算服务。

(7) 航运金融供应链金融

通过供应链金融模式，解决航运产业链中的资金流转问题，为企业提供融资支持，优化资金流。

(8) 航运金融监管科技

利用科技手段，如数据分析、人工智能等，提高监管效率和准确性，帮助监管机构更好地监控航运金融市场的风险。

这些类型的航运金融科技各有特点和应用场景，共同推动航运金融行业的创新和发展。随着科技的不断进步，未来航运金融科技还将不断涌现出新的类型和应用。

10.1.2.3 航运金融科技的特征

航运金融科技具有以下特征。

(1) 创新性

航运金融科技通过引入先进技术，如大数据、区块链、人工智能等，不断创新金融产品和服务，提供航运行业更智能化、有效率的金融解决方案。

(2) 效率提升

航运金融科技的应用可以加速交易速度和数据处理、优化资金流动和结算流程，提高航运金融业务的效率和准确性。

（3）数据驱动

航运金融科技倚重大数据分析和预测技术，通过对海量数据的分析，为行业决策提供科学依据，帮助降低风险和提高投资收益。

（4）安全保障

航运金融科技关注数据安全和隐私保护，采用先进的加密技术和身份认证手段，确保交易和信息传输的安全性和可靠性。

（5）便捷性

航运金融科技提供线上平台和移动应用，为航运企业提供 24×7 小时的金融服务，便于随时随地进行交易、查询和管理。

（6）个性化服务

通过数据分析和人工智能技术，航运金融科技可以为客户提供个性化的金融服务和建议，满足不同客户的需求和偏好。

（7）可持续发展

航运金融科技注重可持续发展，通过资金的精准配置和风险的有效管理，促进航运行业的可持续发展，推动环保、绿色航运的实践。

（8）智能化服务

航运金融科技借助人工智能、自然语言处理等技术，提供智能化的风险评估、投资建议和客户服务，改善用户体验和业务效率。

这些特征使航运金融科技在推动航运行业金融服务转型和升级的过程中发挥着关键作用，为航运企业提供了更多的发展机遇和竞争优势。

10.1.2.4　现代新技术对航运业发展的相互促进作用

现代航运业呈现智能化升级趋势，在互联网、物联网、区块链、大数据等新技术不断涌现发展的大背景下，以港口为突出代表的现代航运业正在向科技智能化转型升级。物联网在货物运输中的数据获取作用、区块链在供应链中的应用、港口布局与创新中的大数据、沿海集装箱运力布局的大数据逻辑等都将成为业内关注的焦点，新技术应用将给航运业发展带来新机遇和挑战。

新技术不仅可以提高行业效率，而且正在改变现代航运服务业的生态，并带动着新的航运市场和航运标准的形成。同时，信息技术已经在世界许多大港货物的装卸、仓储、配送、运输、贸易等各个环节中得到了广泛运用，形成了纵横交错、四通八达的基于港口的信息网，港口信息化建设已逐渐呈现智慧化的发展趋势。

10.1.2.5 金融科技与航运金融业的兼容与相互促进作用

随着新兴技术的迅速发展，航运金融业也面临着科技创新的挑战。例如，区块链和数字化货物交付技术等新技术，正在推动航运金融业的数字化转型，降低运营成本和提高效率。此外，采用物联网、大数据分析、人工智能等技术来进行客户信用评估、风险监控、区域导航等，有助于提高航运金融业的项目管理和决策效率。航运业推动金融业脱虚向实，回归本源，全面着力于服务实体经济，同时航运业资本密集的特点也能为金融科技发展提供坚实的土壤，拓展金融科技服务实体的业务空间，并让科技创新之火更旺，实体经济"血脉"更畅通。目前，国内提升航运金融数智化程度的方法举措主要有：

第一，加强金融科技应用与研发，鼓励金融机构积极运用人工智能、移动互联网、云计算等金融科技手段，实现目标客户精准识别、精细管理、精确服务，提高授信审批效率和服务便利度，为客户设计更加个性化、高效化的航运金融服务方案。

第二，搭建航运金融产业大数据平台，支持金融机构与航运企业共建标准化数据平台，推动航运物流信用评价体系建设，开发个性化、特色化航运金融产品。

近年来，世界经济进入相对强势复苏轨道，国际贸易明显回暖，航运业经营明显改善，各类港航企业景气指数都处于景气线之上。随着互联网、大数据、物联网、区块链、人工智能等新技术的涌现与应用，一方面以港口为突出代表的现代航运业正在向科技智能化转型升级，另一方面金融科技正在颠覆重塑整个金融生态。作为高度资本密集型产业，航运业的发展离不开金融支持，金融科技在航运金融领域具有广阔的应用空间与发展前景。而统筹考虑航运、港口和物流体系，打造与现代航运相匹配的智能航运金融价值网必将为航运业的转型升级装上智慧化翅膀，为我国"一带一路"倡议以及航运业实体经济发展构筑独特优势。

金融科技孕育智能航运金融价值网，现代航运业亟须创新金融服务支持。

随着行业深度调整，航运市场愈发呈现出船舶大型化、行业集中联盟化、智能化、金融化等发展特点趋势。在新特点下，传统的金融服务已越来越难以满足航运业的现实需求，亟待金融服务和产品的不断创新，特别是金融科技手段的应用。全球在 21 世纪以来尝试了多种产品和服务创新，诞生了融资租赁、船舶信托、船舶证券化等多种融资产品，但在金融服务渠道和模式上还未实现革命性突破。全新的竞争格局背景下，中国航运行业通过淘汰、消化、整合、转移过剩产能，正处于加速探底的结构调整期，正在从泡沫和臃肿的市场向专业化与精细化转变。

10.1.2.6　航运金融科技助力航运实体经济发展

航运金融科技借力数字化及智能化技术，提升了航运金融服务与风险控制能力，着力服务我国航运实体经济发展，这主要体现在以下三个方面。

（1）参考航运企业交易大数据，金融机构可进行征信评估

航运企业在业务中产生并积累了海量数据，包括出货率、运载量、客户数量、逾期情况、回款速度等，此类数据对于航运相关企业的融资需求、信用风险判断有巨大价值，但过去受制于信息的获取及分析难度，数据处于静默状态，大数据及云计算能力的成熟得以使数字说话。利用这些数据，金融机构可发现货运价值链中的资金缺口，主动撮合信贷业务，并对授信用户进行征信评估，航运企业更容易获得金融机构的支持，金融机构也可有效地预判并控制风险，降低坏账率。

（2）利用区块链技术实现航运供应链节点化，推进融资创新，优化交易流程

将航运相关各方的信息储存在区块链上，航运及航运金融相关交易方均可轻松、安全地获取对手方信息，交易主体之间可以直接进行点对点的可信交易。另外，运用区块链技术将运输工具、物流设备场地资产化，还有可能涌现出创新的金融服务模式。通过区块链将资产化的航运资源以数字形式放上云端后，交易、融资都更加灵活，资产的追踪和管理更加便捷，可快速建立信任、问责制与系统透明度，显著简化业务流程，极大降低交易成本与业务流程复杂性。

（3）运用物联网技术，金融机构可实现对航运动产的智能化监管

进入数字时代的港航业，在码头作业体系可采用视频监控、识别传感、GPS+GIS 跟踪、自动分拣等技术实现作业自动化、智能化；在生产管理环节采用 RFID 及其他传感器技术实现数据的快速自动采集；在海域方面船舶监控系统通过无线射频、无线网络等实时获取远行全球的船舶数据。根据需求，结合云计算平台进行智能化处理，从而实现港口生产和监管的全网络、全透明、全过程管理。

10.1.3　金融科技在航运保险领域的应用

在航运保险领域，金融科技不仅被广泛应用在客户服务领域，同时在助力航运保险风险管控的变革上正发挥着越来越重要的作用。过去，在缺乏充分的运营数据情况下，中国航运保险机构对风险的掌握往往是片面和局限的。以船舶风险识别为例，通常航运保险机构对风险标的勘验局限于对船舶基本结构和主要设备状况的掌握，同时依据船厂、船舶种类、船龄、总吨、船旗国、船级社等基本要素，其评估结果常偏离实际的风险状况，不能全面真实地反映船舶存在的潜在风险，这不利于航运保险机构对不同船舶出具差异化的承保条件及费率标准。此外，航运保险机构管控风险手段相对传统和落后，更多依靠人为主观进行判断，缺乏有力的分析、管控工具和技术辅助手段。比如，对于所承保的航运企业财产状况和分布无法做到直观掌握，当巨灾风险发生前后，无法及时掌握具体情况并参与防灾防损的相关工作之中。

为了更好满足航运企业对风险管理的更高要求，同时降低航运保险机构自身的经营风险，航运保险机构运用金融科技服务于航运风险管控的手段越来越丰富，不再局限于"承保＋理赔"的传统模式，而是贯穿于风险管理服务的全过程。一些航运保险机构开始寻求利用大数据、云计算、移动互联、人工智能等新兴的金融科技手段，引领航运保险行业与金融科技深度融合，并使自身朝更专业化、科技化的方向发展，从而更有效提升航运保险机构风险管控的服务能力。

例如，通过对船舶事故的大数据分析，可以看出大部分船舶事故并非偶然发生，通过对数据的分析和实船的检验，可预测船舶未来一年发生事故的概

率。航运保险机构与航运企业、全球海事服务机构以及水险再保人等多方可以通过共享船舶运营数据、船员管理数据、航行环境数据、事故理赔数据、船舶内外部检查数据、港口码头报告数据等,建立科学合理的数学分析模型,对船舶、船员、环境等进行多维度分析,从而实现船舶风险的识别与量化。移动互联技术在使得投保和服务方式变得十分便捷之外,还可以应用到保险风险查勘领域中,使风险查勘工作得以数字化、移动化。航运企业通过梳理 GIS 系统中的海量、多源位置大数据,可以构建含有航运企业保险标的准确位置信息的数据仓库,对于动态航行的船舶则通过 AIS 系统获取实时的位置信息。通过数据的融合,可以打造具有航运保险特色的巨灾智能风险管控系统,实现对区域累计风险管控和各类巨灾风险的精准分析以及及时预警。

中国已经发展成为全球重要的航运保险市场,未来航运保险在助力中国海洋经济发展中将发挥越来越大的作用。在当前技术与模式创新相互交融的时代,利用人工智能、大数据、云计算、互联网、区块链等新兴的金融科技手段,航运保险风险管控将进入数字化与智能化的新时代。

10.2　航运金融科技的基础设施与核心要素

10.2.1　航运金融科技的基础设施

航运金融科技的基础设施是支撑其发展和运作的重要组成部分,主要包括以下 8 个方面。

(1) 云计算平台

云计算技术为航运金融提供了一个弹性和可扩展的计算和存储资源平台。通过云计算,金融机构可以根据实际需求动态调整资源配置,实现资源的优化利用,降低成本提高效率。云计算平台还可以提供数据备份和恢复服务,确保数据的可靠性。

(2) 大数据技术

大数据技术在航运金融领域中发挥着至关重要的作用。通过大数据技术,金融机构可以实时收集、存储和分析海量数据，如市场信息、船舶数据、货运数据等。这些数据有助于金融机构更好地了解市场动态，进行风险评估和投资决策。

（3）区块链技术

区块链技术为航运金融提供了去中心化、安全可信的交易管理平台。通过区块链，船舶登记、交易、合同签署等流程可以实现自动化、透明化，提高交易效率降低欺诈风险。此外，区块链技术还可以用于数据共享，促进不同参与方之间的合作与协调。

（4）人工智能技术

人工智能技术在航运金融领域中的应用越来越广泛。通过机器学习、自然语言处理等人工智能技术，金融机构可以实现智能化的风险评估、投资策略制订和客户服务。例如，利用人工智能进行数据分析，以预测市场走势和船舶价值变动，为投资者提供决策支持。

（5）虚拟化技术

虚拟化技术在航运金融科技中应用广泛，它通过将物理硬件资源虚拟化为多个逻辑资源，实现资源的共享和优化利用。这有助于降低硬件成本，提高系统灵活性和可扩展性。

（6）数据安全技术

数据安全技术在航运金融科技中至关重要，它包括数据加密、身份验证、访问控制等。通过采用先进的数据安全技术，金融机构可以确保客户的敏感数据免受未经授权的访问和泄露，保护客户的利益。

（7）移动应用技术

随着移动互联网的发展，移动应用技术在航运金融科技中的应用越来越广泛。通过移动应用，用户可以随时随地进行金融交易和管理，如查询账户信息、办理转账、购买理财产品等。这极大地提升了用户体验，使金融服务更加便捷。

（8）自动化工具

自动化工具如智能合约、自动风险管理系统等，在航运金融科技中发挥着重要作用。这些工具可以自动执行设定的规则和流程，提高工作效率，减少人为错误，降低运营成本。

这些基础设施为航运金融科技的应用提供了技术支持和保障，助力航运金融行业实现数字化转型、提升服务水平和管理效率。通过建设先进、安全的基础设施，航运金融科技有望进一步推动航运行业的发展和创新。

10.2.2 航运金融科技的核心要素

航运金融科技的核心要素主要包括以下 7 个方面。

(1) 数字化交易与结算

利用电子支付、数字货币等数字化手段，简化交易流程，提高结算速度和效率。

(2) 区块链技术

通过分布式账本技术提高航运交易的数据安全性、透明度和可追溯性，减少欺诈和错误。

(3) 智能合约

基于区块链的智能合约自动执行合同条款，无须中介介入，提高合同执行的效率和可靠性。

(4) 数据分析与人工智能

运用大数据分析预测市场趋势，优化航线货物配载，同时使用人工智能进行风险管理和决策支持。

(5) 云计算与物联网

云计算提供弹性的计算资源，支持大规模数据分析；物联网技术则用于实时监控船舶状态和货物运输情况。

(6) 网络安全

确保所有电子交易和数据传输的安全性，防止网络攻击和数据泄露。

(7) 合规性与监管科技

遵守国际和地区的金融法规，使用监管科技（RegTech）提高合规报告的自动化和有效性。

10.2.3 金融科技核心驱动要素对航运业发展和创新的影响

随着金融科技的快速发展，现代金融科技已经成为国家金融行业的重要方向之一。为提高金融服务的效率和普及程度，推动金融行业的发展和创新，人工智能、区块链、大数据、云计算等新技术在金融行业获得广泛的应用。组成金融科技核心驱动要素的大数据金融、人工智能金融、区块链金融和量化金融对航运业发挥着越来越重要的技术促进作用，具体体现在以下 4 个方面。

(1) 大数据金融

重点关注金融大数据的获取、储存、处理分析与可视化。核心技术包括：基础底层、数据存储与管理层、计算处理层、数据分析与可视化层。在航运业中，大数据金融用于分析全球货物运输趋势、船队运营效率、燃油消耗、航线盈利能力等。通过这些数据的获取、存储、处理和分析，航运公司可以优化航线规划，减少运营成本，提高运输效率。

(2) 人工智能金融

人工智能金融主要借用人工智能技术处理金融领域的问题，包括股票价格预测、评估消费者行为和支付意愿、信用评分、智能投顾与聊天机器人、保险业的承保与理赔、风险管理与压力测试、金融监管与识别监测等。人工智能技术主要包括机器学习理论等前沿计算机科学知识，主要基于算法。人工智能技术可以帮助航运公司自动执行日常任务，如货物配载优化、航线规划、维护预测和风险评估。智能投顾系统可以为客户提供个性化的投资建议，而聊天机器人则可以处理客户咨询，提高服务效率。

(3) 区块链技术

区块链技术是一种去中心化的大数据系统，是数字世界里一切有价物的公共总账本，是分布式云计算网络的一种具体应用。一旦区块链技术成为未来互联网的底层组织结构，将直接改变互联网的治理机制，最终彻底颠覆现有底层协议，导致互联网金融的智能化、去中心化，并产生基于算法驱动的金融新业态，一旦成熟的区块链技术落地金融业，形成生态业务闭环，则金融交易可能会出现接近零成本的金融交易环境。此外，区块链技术还可以用于创建去中心化的市场，让船舶租赁和货物运输更加高效和透明。

(4) 量化金融

量化金融一直被视为是金融业高端资本与智力密集型领域，科技含量极高；以金融工程、金融数学、金融计量和金融统计为抓手开展金融业务；定量而非定性地开展工作。量化金融在航运业中涉及利用数学模型和算法来分析市场动态、价格波动、信用风险和操作风险。这可以帮助航运公司和投资者做出更加科学的投资决策，管理风险，并优化资产配置。

10.3 航运金融服务领域科技创新实践

10.3.1 金融服务领域科技创新实践发展现状

金融服务行业是一个关键的经济领域，其创新与科技应用对于经济的发展和改善人民生活水平起着至关重要的作用。在过去几十年中，随着信息技术的迅速发展，金融服务行业也经历了巨大变革，科技应用与创新模式不断涌现，如数字化银行、人工智能与机器学习、区块链技术、大数据分析等，这些技术的应用不断改变着金融服务模式，提高了效率和便捷性，并提供了个性化的产品和服务。同时，金融科技公司、开放银行和跨界合作等创新模式也为行业带来了活力和多元化选择。近年来，金融科技已经成为近年来全球范围内最受关注的行业之一，而金融科技创新的实践案例包括移动支付、人工智能、区块链、云计算、网络安全获得广泛实施和应用，它们对金融业和消费者带来颠覆性的影响。

10.3.2 航运金融服务领域科技创新实践发展现状

航运业是一个具有高风险性、高资本率、全球化的传统产业，需要金融资本的高度参与。国际航运也是全球贸易的派生需求，国际贸易衍生出的资金流动也需要金融产业的配合。从国际经验看，航运金融依托于航运产业发展起来，发展到一定阶段后，就可以脱离航运实体而成为区域或全球的服务中心。根据国际航运和金融发展的实际，航运金融业务主要包括船舶融资、资金结算、航运保险服务以及航运金融衍生产品服务等几个部分，其中，船舶融资服务目前对我国航运金融业务量发展来说最为关键。与航运金融服务相关的主体比较复杂，设计的层面也很多，主要包括政府部门、银行、航运企业、港口、证券公司、航运经纪部门、保险企业、航运衍生品交易单位、船舶制造企业、金融租赁公司、航运法律服务单位等。

近年来，随着科技的飞速发展和金融业的普及，科技金融的创新成为不可避免的趋势。科技创新为金融开拓了新的业务领域，而金融创新为科技提供了更为广阔的发展空间。科技金融创新的方向主要包括：金融信息化、智能金融、金融大数据、金融科技创投等。其中，金融信息化主要关注的是金融行业的数字化和网络化，智能金融则强调人工智能、互联网智能和大数据等技术在金融服务领域的应用，金融大数据更是强调数据分析和数据挖掘对金融业的影响，而金融科技创投则突出了"金融+科技"的新型投资模式。

航运金融服务领域科技创新更多体现在智能航运方面，智能航运从组成要素划分，包括智能船舶、智能港口、智能航保、智能化航运服务和智能化航运监管五大要素。其中智能航运的核心要素是智能船舶，未来船舶将插上智慧的翅膀，甚至可以遥控驾驶，也可以自主航行和自动靠离泊。

船舶自身可以实现智能化，但离不开基础设施的支持，而且与现在的基础设施要求比，无论是信息感知精度还是通信带宽、速率、网络安全保障等，都会有更高的要求与标准。这就是智能航运的另一个关键要素，也是未来海上新型基础设施构建的重要方向之船舶智能航行的支撑保障系统，简称智能航保。从智能航运需求角度出发，未来海上基础设施建设需从以下六方面着手：海上空间数据基础设施、传统导助航设施数字化智能化改造、海上通信网络基础设施、船舶交通管理基础设施、航海保障综合信息服务和网络信息安全基础设施。

智能航运的发展对海上基础设施建设也提出了新的要求：一是基础设施联通要求更高。数据是数字经济时代的关键生产要素，也是推进智能航运发展的基础。因此各政府与企业之间、企业与企业之间生产要素整合和协调发展在未来将变得至关重要。二是技术创新能力要求更高。我们需要围绕航运安全、绿色、高效的本质需求，去推进相关核心技术的创新。智能航运是一个大系统，不可能在短期内发展成熟。因此，与之对应的基础设施也需要不断去推动技术创新，并想方设法去将一些中间研究成果进行转化，推出一批具有实效性的产品。三是运营体系要求更完善。面向智能航运的海上新型基础设施更突出对项目建设全环节的软治理，需要加强对规划、建设、运营、监管的全环节治理水平，需要构建更加完善的运营管理体系。

10.4　金融科技背景下的航运金融监管

10.4.1　金融监管的定义与分类

金融监管是政府通过特定的机构，如中央银行、证券交易委员会等对金融交易行为主体作的某种限制或规定。本质上是一种具有特定内涵和特征的政府规制行为。金融监管可以分成金融监督与金融管理。金融监督指金融主管当局对金融机构实施的全面性、经常性的检查和督促，并以此促进金融机构依法稳健地经营和发展。金融管理指金融主管当局依法对金融机构及其经营活动实施的领导、组织、协调和控制等一系列的活动。

10.4.2　金融科技背景下的金融监管的必要性

随着互联网技术的迅速发展，金融科技也呈现出快速发展的趋势。一方面，创新的金融科技为金融业带来了更高效、便捷的服务，推动了金融业的数字化与智能化进程；另一方面，金融科技也催生了新型的金融业态，如网络借贷、互联网保险、虚拟货币等，在改变了传统金融业务模式的同时也带来了相应的风险和挑战。

从影响方面来看，首先是金融科技尤其是人工智能技术，为金融监管机构提供了更清晰、高效、准确、及时的数据监测和风险预警工具，提高了监管的准确性、及时性和效率。其次是创新的金融科技为银行和金融机构提供了新的商业模式，如移动支付、云计算、区块链等，增强了金融机构的创新能力和市场竞争力。但伴随而至的是，金融科技的发展也带来了对应的风险，如信息安全、数据隐私保护、网络犯罪等问题，这些也需要得到金融监管机构的监管和管控。

10.4.3　金融科技背景下的航运金融监管

航运金融在国际金融市场中具有举足轻重的地位，对国际航运市场的发展有着重要影响。航运金融是航运企业、港口、造船厂、银行、保险公司、证券公司、商品及衍生业务的经销商、金融租赁公司等机构从事融资、保险、资金结算、航运价格衍生产品等。航运金融是涵盖船舶融资、航运保险、资金结算和航运衍生交易等要素的综合性业务，具有行业关联度强、产业附加值高等特点，是连接航运业和金融业发展的重要纽带和服务平台。

航运和金融是紧密联系在一起的。航运业投资额巨大，投资回收期长，风险高，所以航运业特别需要金融支持等融资服务，所以如何建立动态的、全面的监管机制，保护投资者权益，规范航运金融市场，维护航运金融市场稳定，保持航运金融机构平稳合法运行是金融科技背景下的航运行业始终要面对的问题和努力的目标。

10.4.3.1　金融科技背景下的航运金融监管的现状与问题

在金融科技的背景下，航运金融监管面临着一系列的挑战和机遇。金融科技的发展带来了新的金融产品和服务，例如区块链、大数据分析、人工智能等技术的应用，这些技术在提高航运金融服务的效率和便利性的同时，也带来了一些监管上的难题。在金融科技背景下，航运金融监管面临以下现状与问题。

（1）跨境支付和结算监管困难

随着金融科技的发展，跨境支付和结算变得更加便捷和频繁。监管机构面临着跨境资金流动监管的挑战，需要加强国际合作和信息共享，以确保资金的合规性和安全性。

（2）区块链技术监管难题

区块链技术的广泛应用给监管带来了新的挑战，默认难以监管和追踪去中心化的交易，同时也给监管机构带来了跨境监管、数据隐私保护和安全性等方面的问题。

（3）数据安全和隐私保护问题

随着金融科技的使用增加，航运金融机构涉及大量的个人数据和商业机密。因此，监管机构需要加强对数据安全和隐私保护的监管，确保实施合规的数据保护措施。

（4）智能合约和人工智能监管挑战

智能合约和人工智能在航运金融中的应用日益普遍，监管机构需要了解这些技术的工作原理，同时确保这些技术的应用符合监管规定和法律法规，避免出现潜在的风险和漏洞。

（5）监管科技的引入不足

监管科技的应用在航运金融监管中还比较落后，监管机构需要加强对监管科技的应用，利用大数据分析、人工智能等技术来提升监管的效率和精度。

（6）国际合作与标准统一不足

由于航运金融是一个全球性行业，监管机构之间需要加强国际合作和信息共享，以建立统一的监管标准和规则，进一步加强行业监管和监督。

总体来说，金融科技的发展为航运金融监管带来了新的挑战，但同时也提供了新的工具和方法。监管机构需要积极适应科技发展的趋势，加强对航运金融市场的监管，确保市场的稳定和健康发展。

10.4.3.2 金融科技背景下的航运金融监管的未来方向

在金融科技与金融监管的互动中，未来航运金融监管将面临新的机遇和挑战。一方面，金融监管机构需要掌握新兴技术，不断创新监管方式和监管工具，才能满足对不断变化的风险和安全性的监管需求。如云计算、大数据、区块链等技术将成为金融监管的重要工具。另一方面，金融监管机构和航运金融科技企业也需要形成共赢局面，共同推进航运金融科技在监管中的应用。具体来说，在金融科技背景下，航运金融监管的未来方向包括以下5个方面。

（1）加强监管科技的应用

监管科技是未来航运金融监管的重要方向之一。监管机构需要积极引入监管科技，利用大数据分析、人工智能等技术来提升监管的效率和精度，加强对航运金融市场的监测和预警。

（2）建立统一的监管标准和规则

航运金融是一个全球性行业，需要加强国际合作和信息共享，以建立统一的监管标准和规则。监管机构需要与国际组织、行业协会等合作，共同制定和实施符合国际标准的监管政策和措施。

（3）加强数据安全和隐私保护

在金融科技背景下，数据安全和隐私保护是航运金融监管的重要问题。监管机构需要加强对数据安全和隐私保护的监管，确保航运金融机构遵守相关的数据保护法规和标准，保护客户的权益。

（4）推动创新与合规并重

在金融科技背景下，监管机构需要鼓励创新和科技进步，同时加强对合规性的监管。监管机构需要制定适应金融科技发展的监管政策和措施，鼓励创新的同时，确保市场的稳定和健康发展。

（5）加强风险评估和预警系统建设

航运金融市场存在各种风险，如市场风险、信用风险、操作风险等。监管机构需要加强风险评估和预警系统建设，及时发现和应对潜在的风险，确保市场的稳定和健康发展。

总之，金融科技背景下的航运金融监管需要不断适应市场变化和技术发展，加强合作和信息共享，推动创新与合规并重，以实现市场的稳定和健康发展。

思考与练习

1. 什么是航运金融科技？
2. 航运金融科技主要可以分为哪几种类型？
3. 航运金融科技的基础设施包括哪些？
4. 航运金融科技的核心要素包括哪些？
5. 目前，航运金融服务领域科技创新实践发展现状是怎么样的？
6. 简述金融科技背景下的金融监管的必要性。
7. 简述金融科技背景下的航运金融监管的现状与问题。

第 11 章　航运金融法律框架

> **案例导入**

　　法律框架泛指国家机关制定的一切规范性法律文件，包括宪法、法律、法令、条例、规定、规则、决议、决定和命令等，一国采取的航运金融法律框架直接决定着航运业是否健康稳定发展。一般来说，航运金融法律框架体系内容庞大，包括船舶登记、抵押、资本市场等法律体系和相关规定。各个国家在不同经济发展阶段采取的航运金融法律框架具有不同的特点和表现形式，并随着世界经济和贸易的变化而不断改革。例如，美国一直重视航运立法，相继制定了《1916 年航运法》《1920 年商船法》《1928 年商船法》《1936 年商船法》《1954 年货载保留法》《1970 年商船法》《1978 年受控承运人法》《1984 年航运法》《1988 年外国航运惯例法》《1998 年航运改革法》等数十部法律和不计其数的法规、规章、政策。这对壮大美国籍船队，维护美国海运大国和海运强国的地位，增强海运在美国经济发展中的支撑起到重要作用。

11.1　希腊航运金融法律框架

　　希腊航运金融法律框架是指希腊在航运金融领域的法律体系和相关规定。希腊是世界上最早进行造船和海上航行的国家之一。希腊航运业的鼎盛时期始于 18 世纪初期，当时处于奥斯曼帝国统治下的爱琴海贸易以至整个东地中海的贸易几乎完全掌握在希腊人的手中。多年以来希腊一直是世界上拥有船只最多国家，航运业在希腊的经济结构中占据着重要的地位，这和希腊航运金融框架的完善程度以及先进性密不可分。希腊关于航运金融的相关法律法规主要涉及船舶融资、船舶登记、船舶交易、航运保险和海商法等内容。由于希腊在航运金融法律框架相对完善，具有丰富的历史经验和第一手的经验，为船舶融资提供了一定的法律保障，吸引了大量国际资金进入希腊航运市场。

11.1.1 主要的航运金融法律框架

希腊主要的船舶融资框架包括船舶抵押、船舶租赁和船舶融资租赁等方面。

希腊的船舶抵押权法律制度十分完善，在希腊为了使抵押贷款对融资机构更具吸引力，提出了优先抵押权，抵押贷款通过公证契约授予某一具体数额，并在船舶登记处进行登记，它使抵押权人获得可优先于任何无担保债券的一种物权，抵押权人在违约情况下可以接管船舶，增强了抵押权人的权利。抵押权人还可以通过私人出售或者公开拍卖的方式变现抵押船舶，在优先抵押时，抵押权人有权获得船舶的经营权。

希腊是全球重要的船舶租赁中心，在《海商法》规定了完善的船舶租赁法律条款，如船舶租赁相关者的权利和义务，船舶租赁合同的成立、法律效应和履行等方面的内容，以及租赁公司设立、业务范围、偿付能力等。

希腊航运金融法律框架主要的特点如下。

（1）多样化

希腊船舶融资法律框架涉及船舶抵押、融资担保等较完善的法律框架，既包括传统的银行融资，也包括资本市场融资、融资租赁、私募基金融资以及夹层融资等多种形式的法律法规框架，这些法律框架的设立和实施，为航运业提供了灵活多样的融资选择依据。

（2）注重资金安全和合法性

希腊的航运法律规定了航运金融业务相关者的义务和责任，航运融资必须符合法律框架规定，这有效保障了双方的合法权益，为航运金融业务提供全面的法律保障，降低了交易风险，提高了希腊航运金融市场的透明度和公信力。

（3）国际化

希腊航运业的融资渠道非常广泛，其参与对象涵盖全球各地，除了小部分来自国内，四分之三以上的融资都来自国外。另外希腊还积极参与国际航运市场的合作与交流，参与国际公约的创新和发展。

11.1.2 辅助法律框架

11.1.2.1 税收法律框架

希腊政府对航运业采用了税收优惠政策,主要包括对船舶运输采用了区别于其他所有行业的低税率税收,以及对船舶进口实行零关税的制度。其中希腊是最先实行吨位税制的国家。

与其他行业按照利润征税的方式不同,航运业实行的是吨位税制度,是以船舶净吨位来征税,而不是以航运企业的航运所得为征税依据,其吨税计算方法为:

第一步:应税总吨位 = 净吨位 × 对应吨位级别累退系数;

第二步:应纳船舶吨税 = 应税总吨位 × 船龄对应税率。

采用船舶吨位税取代公司所得税的制度,因此船舶吨税制又被称为吨所得税制度。目前希腊、塞浦路斯和马耳他三国采用该种计税模式。

实行吨位税制的好处:

(1) 吨税制的计算方法简便、征收简单

吨税制降低了业务的运作费用。此外吨位税的计算只和净吨位以及船龄有关,具有较强的确定性和稳定性。

(2) 缴纳的税收非常优惠

由于吨税费率较低,因此希腊航运企业采用吨位税制后具有较强的竞争能力,吸引了很多船舶在希腊注册登记。按照该法律规定的计算的应缴税款是船东公司唯一需要缴纳的税款,免除了企业缴纳其他税款的义务。

(3) 对业务量较多的航运企业有利

由于缴纳的税额仅与船舶吨位相关,在企业经营状况良好营运利润增加的情况下,航运企业应缴纳的税款仍不变,大大增加了航运企业的利润额。

(4) 免征所得税

该项政策还免除了希腊航运企业船东以及股东个人所得税的纳税义务,出售船舶所获得的收入,以及任何保险赔偿亦免征企业及个人所得税。且依据立法,这些法律框架同样适合在希腊设立的外国公司挂外国旗船的企业和股东免征所得税,只需要缴纳吨位税,条件是这些外国公司接受希腊的管理。

(5) 相关行为的税收减免

按照规定,登记船舶相关交易如登记、买卖、抵押以及拆除等行为,均免除任何税收、费用或者手续。

由于希腊采用了优惠的税收政策,推动了国内以及国际船舶到希腊登记,壮大了希腊船队。航运公司以及相关产业链的发展,提升了希腊的就业率,增加了希腊的外汇储备,推动了希腊的经济发展。

11.1.2.2　登记以及外汇管制

以国际公约和国内法律为基础,希腊在船舶登记的程序、条件、权利和义务进行了规定,建立了较完善的现代化船舶登记机构和体系。在希腊进行船舶登记可依据希腊各地区的相关要求通过当地或者相应的办事处登记为希腊船舶或者外国船舶。希腊允许由非希腊企业拥有但有希腊公民控制至少51%股本的船舶悬挂希腊旗。远洋船舶最常见在马耳他、利比里亚、马绍尔群岛、巴拿马、巴哈马以及塞浦路斯登记为外国船舶。此外,允许船东改变船旗,并允许无须任何额外许可证自由出售、抵押以及出租船舶给外国人。另外,船舶登记、抵押登记以及注销登记手续较简化,登记服务高效快速运行。

希腊船舶登记体系严谨的法律框架以及高效的登记程序,增强了船舶登记的可预测性,提升了对全球航运市场的稳定性和可预测性。

希腊船舶登记法律框架接受国际航运公约的约束,与国际航运组织以及其他国际航运组织合作并参与国际航运法律规则的制定,具有较强的法律约束力和国际认可度。

11.1.3　其他方面

船舶融资在希腊航运业应用广泛,涉及船舶交易、船舶建造等领域。希腊的船舶交易和建造历史悠久,法律框架涉及船舶买卖,转让和转籍等方面,船舶买卖包括二手船舶拍卖、新造船订单、船舶拆解和船舶租赁等领域,具有丰富的交易品种,且交易活动活跃。

希腊在船舶管理、出售、船员组成、税收、装修、航运业行政管理以及仲裁等产生的外汇为船东、抵押权人提供自由处置外汇的协助、特许以及保障。

希腊有完善的海上货物运输法律制度,在海上货运运输、装载、卸载有完整的法律法规规定,另外希腊在海商事合同、海上贸易法律法规、海上保险以及海上保险监管方面法律法规均较完善。

11.2 土耳其航运金融法律框架

土耳其,位于欧洲、亚洲和非洲的交界处,由于它所处地理位置和早期对西方先进法律体系的吸收,使它的法律体系和系统形成世界上独一无二的特点。土耳其是链接三大洲的重要航运枢纽,是国际航运的重要参与者。土耳其通过一系列航运金融改革措施,推动了本国航运业的发展,为他国制定航运政策提供建议与思路。

11.2.1 主要的航运金融法律框架

11.2.1.1 船舶抵押权法律框架

船舶抵押权法律框架主要包括《土耳其商法典》(N-TCC)以及《船舶登记指令》(SRD)。《土耳其商法典》(N-TCC)基本移植于德国法律,将船舶融资领先的德国立法作为船舶和新造船物权的参照法律渊源,变化在于加入了《海上留置权和抵押权国际公约》和《国际扣船公约》,《船舶登记指令》(SRD)基本上移植于德国的《船舶登记指令》。N-TCC 和 SRD 规定了船舶抵押权的设立和转让、船舶抵押权的有效期和消灭,《土耳其金融监管局法》则规定了船舶融资的监管和风险管理。

以国际公约为先,按照国际公约规优于船舶抵押权的船舶优先权只有 5 个项目。

①向船长、船员或其他船舶补给人员在船舶上工作而应支付的工资或其他款项,包括遣返费用、应代其支付的社保费用。

②与船舶运营直接关联的人身伤亡赔偿请求,不论发生是在陆地上还是水上。

③船舶打捞奖励索赔,但不包括特殊赔偿索赔。

④港口、运河和其他水路规费和引航费的索赔。

⑤基于因船舶运营产生的有形损失或者损害而产生的索赔,不包括船上所载货物和乘客造成的损失或者损害。

其中②和⑤可以通过强制责任保险的方式予以担保,因此承载船的抵押权人不受影响。

11.2.1.2 航运金融衍生品法律框架

土耳其航运金融衍生品法律框架主要涉及《土耳其商法典》(N-TCC)以及《土耳其衍生品交易法》等。这些法律法规等对航运金融衍生品的交易、风险管理、清算结算等作了明确的规定,旨在保护投资者和交易各方的合法权益,促进航运金融衍生品市场的健康发展。

土耳其航运金融法律框架的主要特点如下。

(1) 不断借鉴并完善法律框架

为了确保国家商船队的发展,土耳其航运金融法律框架经历了显著的立法改革和各种根本性变化。从移植瑞士、德国法律,到纳入国际公约,以及在确保快速和有益的船舶抵押强制执行方面,相关法律均进行了较大的修订。目前主要以德国立法作为土耳其航运金融法律的参照法律渊源。

(2) 保护投资者的利益

土耳其法律框架高度重视保护金融投资者的权益,通过严格的监管措施和法律条款,营造公正、透明和稳定的投资环境,对投资者权益进行明确保护,对欺诈和违规进行打击。

(3) 支持创新

土耳其法律框架为金融机构和技术公司提供支持,促进其在航运金融领域应用科技创新和新型技术,为新型航运金融科技公司提供合适的监管环境和创新空间。

11.2.2 辅助法律框架

按照土耳其法律框架规定,所有土耳其和外国船舶都属于动产。土耳其船舶有 4 种认可的船舶登记方式。

（1）国家船舶登记处

国家船舶登记处（NSR）是历史最悠久的登记方式，适用于 N－TCC 和 SRD 的规定。按照德国法律渊源，在 NSR 登记的物权包括船上的财产、船舶抵押权、对船舶抵押的权利以及使用权，当一方被登记为船舶所有人、抵押权人、抵押权益持有人以及使用权人，就适用于 NSR 登记法。

（2）新造船舶登记处

新造船舶登记处（NBR），按照德国法律渊源，公开船舶所有权才可以进行新造船舶的登记，且除所有权外，可在 NBR 登记的唯一物权是新造船的抵押权。

（3）特别入籍登记

以德国法为基础，土耳其法律也认可临时悬挂土耳其旗的外国船舶将按照"特别入籍登记"备案，由于不是登记而是备案，因此不能通过进入该名单的方式设立或者转让抵押权等物权。

（4）国际船舶登记

国际船舶登记（TISR）适用于《土耳其估计船舶登记规则》以及《船舶登记指令》。在 TISR 登记的物权包括船舶财产、船舶、抵押权以及对船舶抵押的权利，没有涉及对船舶使用权的登记。TISR 仅适用于商业目的的船舶开放，从外国进口的船舶存在吨位的限制，以保护本国的船舶建造行业或沿海运输。

11.2.3 其他方面

按照土耳其法律框架，在 TISR 进行登记的船舶相关的交易，如买卖、抵押，将免于缴纳所有类别的税收和费用，包括手续费，船东免于缴纳企业所得税，在船员公司和社会保障安排上也采用了鼓励措施。

在融资租赁中土耳其法律允许售后回租交易，出租人可以以自己的名义在 NSR 或者 TISR 进行登记，但法律所有权归出租人所有，承租人被归于船舶的经济所有人并有权占有全部经营所得。在租期届满时，承租人有权要求转移船舶所有权。承租人被停止对船舶设立任何物权。即使融资租赁交易中的船舶附有船舶优先权。如果出租人是一家非居民外国公司，那么土耳其法律只有在合同方选择适用土耳其法律才予以适用。

11.3 OECD 航运金融框架

11.3.1 双重征税

11.3.1.1 航运业国际税务征收存在的问题

航运业是一个国际化程度较高的行业,集装箱船、杂货船等不断穿梭于各大洋之间,涉及不同国家和地区,受到多个国家税收法律的影响。一方面,船舶航行抵达的国家按照经济合作与发展组织(OECD)《关于对所得和资本避免双重征税的协定范本》(以下简称 OECD 范本)第七条规定都有权对船舶产生的利润进行征税,从管理的角度来看这是不可能做到的;另一方面,不同主权国家的税法几乎无法调和,若两个以上的国家欲同时对相同业务进行征税,就会产生双重征税现象,双重征税对商品和服务的交换、资金、技术以及人员的流动会产生不利影响。

11.3.1.2 国际双重征税简史

多国建立经济关系签订协定,通过划分和分配各缔约国间的征税权,试图消除双重征税带来的贸易障碍。早在 20 世纪 20 年代,在国际联盟还未制定解决国际双重征税问题的规则前,英国和美国就引入了航运业的特殊税收制度,通过划分和分配两国间的征税权避免双重征税问题,日本、挪威、意大利和法国纷纷效仿。第一次世界大战后部分国家就对公海自由航行的船舶公司就税收签订了双边条约,1923 年国际联盟金融委员会提交了防止航海运输活动双重征税的双边协议草稿。1931 年跨国税收协定面世,首次确认"实际管理中心"是航运业征税权的决定性标准,后来,国际联盟金融委员会提出"税局地"标准,到 1963 年"有效管理地"被写入 OECD 范本的第八条。从此,"有效管理地"成为航运业征税的基本准则。按照规定居住国享有唯一征税权,通过豁免权和税收抵免方法可以有效避免双重征税,来源地国通常享有受限的征税权或者无任何征税权。

11.3.2 OECD 范本第八条规则

OECD 范本第八条解决的就是国际交通运输中产生的营运中的所得税问题。OECD 范本第七条规定企业在某个国家有常设机构，则该国可对这些企业利润征税。针对上述问题，OECD 范本第八条对如何在国际交通运输中消除对营运船舶所得的双重征税制定了特许规则。

11.3.2.1 OECD 范本第八条第一款：国际交通运输

按照该规定航运企业全部所得的独有征税权集中于企业管理地所在国，只有在企业有效管理地所在的缔约国才能对国际交通运输中获得的船舶运营所得进行征税。按照规定，第一款对于所得、国际交通运输、利润计算均作了详细规定。

（1）所得的范围

对于船舶运营中产生的所得，主要是指航运公司运营的船舶在国际交通运输中进行载客或者货物运输而直接产生的利润。但是随着国际运输的发展，目前的所得不仅包括与上述业务直接关联的活动所得，还包括与公司国际运输中的船舶运营没有直接关联，但有间接的辅助类活动产生的所得。因此那些非专门从事航运或者内陆水道运输的企业，其运营船舶产生的利润还是在第一款的范围内。出租装备齐全、人员齐全以及补给齐全的船舶（期租）产生的利润还是在第一款征税范围内。

（2）国际交通运输的规定

国际交通运输指的是由有效管理地在一方缔约国内的公司运营的船舶进行任何运输，但是船舶只在另外一个缔约国国内航行的除外。按照规定，若在某其他缔约国国内的航行只是航行的一部分，且出发地以及达到地在该缔约国之外的，就属于国际交通运输。

（3）利润的计算

各缔约国根据本国税法独立决定如何对国际交通运输中产生的船舶运营所得进行计算和评估，也就是说运营船舶的公司有效管理地所在的缔约国有权确定利润以及征收比率。

OECD 范本第八条第一款保证了航运企业所得只能在一国征税，有效避免了征税权的分裂，可能的双重征税直接免除。当然注意的是，免税只能通过累进的方法进行，但是累进是否得以反映取决于国内法的适用性。

11.3.2.2　OECD 范本第八条第二款：内陆水道

按照该规定对于在河流、运河和湖泊等内陆从事水道运输的传播运营所得仅应该在企业有效管理地所在的缔约国被征税，也就是说内陆水道和国际航运运输适用于同等的税收待遇。一般来说，缔约国双方在公海从事捕鱼、挖掘以及搬运活动的船舶运营所得应该视为 OECD 范本第八条第二款。

11.3.2.3　OECD 范本第八条第三款：船上管理地

若航运公司或者内陆水道运输公司有效管理地在船上，则船舶母港所在的缔约国应当被视为有效管理地，若不存在这样的港口，有效管理地为船舶经营者为居民的缔约国。

11.3.2.4　OECD 范本第八条第四款：联营协议等

由于航运业存在各种各样的国际合作，因此第四款规定，参与联营、联合经营以及国际经营的机构所产生的所得，适用于第一款。

OECD 范本第八条在其范围内优先于可适用于双重税收协定的其他条款。当然 OECD 范本第十条、第十一条以及第十二条关于红利、付息以及特许权使用费等意义方面的收入如果与航运公司无实际关联，则可以依据这些条款征税。若潜在收入来源可分派到其他签约国航运公司常设机构，则可再次适用于常设机构原则进行征税。

11.3.3　OECD 范本第八条存在的问题

很多行为很难判断是辅助性活动还是直接相关活动，导致各国常为哪些行为属于辅助性活动和直接相关活动产生争议。目前对于直接活动以及辅助性活动持一致意见的有如下行为。

①企业用非从事国际运输的船舶运输乘客或货物而产生的所得，大部分国家

认为这些为辅助性活动。如一家从事国际运输的公司将其部分乘客或者货物通过其他公司运营的船舶通过仓位租赁进行国际运输，就可认为是一种辅助性活动。

②为了在国际运输中运营船舶，将其资产以及人事安置在国外的公司也会通过在该国向其他运输公司提供商品和服务而产生的收入，包括工程师、设备维修人员、货物经理人、餐饮人员和客服人员提供的商品和服务，且这些活动与公司在国际运输中的船舶运营具有辅助作用的，就可以认为是一种辅助性活动。

③若一家公司经常在某地代表其他运输公司出售票务，且其在该地的主要目的是票务出售，此类代表其他公司出售票务的行为可视为与公司运营的船舶航行直接相关或者是其自身销售的辅助。

④公司为其他公司在其运营的船舶或者其经营地点进行的杂志广告宣传是其运营这些船舶的辅助性活动。

⑤对于集装箱活动的问题。从事国际运输公司通过出租集装箱产生的所得通常在国际交通运输中运营船舶直接相关或者至少起辅助作用，包括公司短期仓储集装箱以及超时归还集装箱收取滞期费所产生的所得。

⑥投资收入。在某一缔约国开展业务所需资金产生的利息，或者依据法律规定作为开展业务抵押物债券产生的利息，也适用于 OECD 范本第八条。但是利息收入产生于为公司常设机构处理现金流或者其他财务活动，且这些利润不属于公司常设机构所得；为关联公司进行的，不论这些公司是否在缔约国或者是为总公司进行的；以及投资资金不是进行某一特定经营所需要的，则用在本地进行该经营产生的利润进行的短期投资而产生的利息收入也不适用于本条款。

11.4　伊斯兰金融框架

11.4.1　伊斯兰金融发展历程

第一个阶段（1970—1990 年）。伊斯兰金融的初级发展阶段，主要集中在中东和东南亚等地区，阿拉伯各国的金融机构大规模兴起，但主要是银行产品，金融工具相对单一。

第二个阶段（1990—2000年）。伊斯兰金融进入快速发展阶段，渗透到全球金融中，包括英国、瑞士、新加坡等发达国家，伊斯兰金融陆续与现代金融系统融合并拓展了多元的金融产品，包括伊斯兰基金、保险及债券等金融产品。

第三个阶段（2001—2014年）伊斯兰金融进入成熟发展阶段，由于阿拉伯国家石油收入的60%~70%都存储于伊斯兰银行，伊斯兰金融业的资本实力强劲，且诸多中东国家逐步从西方银行撤离资金，加速了伊斯兰金融向欧美传统金融中心和亚洲新兴市场的扩张。2008年美国次贷危机中债务和杠杆为核心的传统金融系统的稳定性不足，但伊斯兰金融系统却保持了相对的稳定并较好地规避了金融危机的影响。

第四个阶段（2014年至今）。2014年伊斯兰金融出现了连续下滑，直到2018年才再有起色，在2020年全球新冠疫情下，伊斯兰金融也受到很大的影响，但也表现出其稳健增长的特征。

目前伊斯兰金融业总体规模与传统金融业相比仍然有较大距离，然而在过去的50年间，它已经走完了从理论指导到产业落地的过程，并且在21世纪初期保持着年均12%的增长率。

11.4.2 伊斯兰金融以及主要禁止条款

"伊斯兰金融"是根据伊斯兰律法进行的金融活动。是一种独特的商业形态，该体系为投资者和顾客提供结构性金融产品和服务，利差是现代银行得以盈利的关键手段。除银行之外，债券、保险等核心金融业务也极其依赖利息这个工具来获利。在伊斯兰金融业中，由于利息是不被允许的，并且整个金融体系的杠杆率也被限制在很低的水平，因此伊斯兰银行必须找到独有的经营与盈利方式才能生存。伊斯兰法的一些主要禁止类条款如下。

（1）禁止高利贷（利息）

伊斯兰教规禁止在金融交易中收取和支付高利贷，目的是避免在交易中强势一方压榨弱势一方的商业利益，如防止债权人利用借款压榨穷人。伊斯兰银行和金融机构因受到伊斯兰法规制约，不收利息，也不给存款者、投资者以利息，而是采用变通方式获得利润。银行禁收利息，却允许在一定原则和条件下收取费用、酬金和佣金。如银行所获得的任何资金回报应源于银行所承担的商业风险而产生的收益，这意味着银行分享了客户投资而产生的风险和回报，银行的回报是基于客户的成功投资，而不是基于金融市场利率的收入。存款人将资金以无息的方式存入银行，并享受该银行收益的份额。

（2）禁止交易中任意一方承担过分风险

要求在一份金融或者商业协议中，当事人之间应准确合理地分摊其风险，目的是避免因欺骗，诈骗，不适当的、不确定性或者投机而导致交易一方出现过度财务困难。在共享利润、共担风险原则下，促进对那些从事伊斯兰教法允许的商业及贸易活动企业投资。

（3）避免浪费钱财及没有产出的活动

"伊斯兰金融"机构的交易原则是，所有的产品和服务都是以资产为基础的，也就是说所有交易必须有实实在在的目的，比如说交易融资，或者是修铁路，或者是买机器，都是以实实在在的资产为基础的，而并不是纯粹以赚钱为目的。

11.4.3 伊斯兰教法的执行和管辖权

（1）执行

为了确保遵守伊斯兰原则，大多数伊斯兰银行都拥有宗教委员会，负责审查拟定的交易合同，以确保遵守伊斯兰原则以及维持对银行融资方式和运作的全面审查。这些宗教委员会由一些著名的伊斯兰学者组成，他们会定期会面并对政策和特定交易展开讨论，并针对伊斯兰教法合规性问题提出具体建议。一些独立的伊斯兰教法委员会在伦敦设置办事处，并由伊斯兰金融领域的著名学者组成。

（2）管辖权

国际通常做法会选择适用于英国法律和司法管辖，以伊斯兰教法为准的做法。按照英国法来起草协议并且使其完全符合伊斯兰教法，是可以做到的。当然很多伊斯兰教法院是在某些海湾国家运作的，因此如果司法管辖在那些国家建立，则所有与伊斯兰教法相悖的条款将会被要求分离出来，或者如果发现合同中存在违反伊斯兰教法的情况将不能执行，这将对交易产生重要影响。

11.4.4　伊斯兰金融工具在船舶融资中的应用

11.4.4.1　Ijara 模式

该模式为一种租赁安排模式，是银行购买船舶然后以租赁的方式租赁给客户，租赁时间较长，如长达 25 年。主要做法是客户公司与船舶的买方商定购买价格，然后银行以商定的价格从卖方购买船舶，此价格为客户向银行融资的金额。一般来说，由于银行不会以 100% 的购买价格进行融资，所以公司需要根据商定的购买价格向银行支付押金。该租赁模式也适合公司已拥有船舶的再融资。使用符合伊斯兰法的租赁安排进行融资主要特点如下。

（1）租金

按照伊斯兰教法客户必须根据租赁条款为船舶的使用支付款项。且依据伊斯兰教法，租金调整的条款必须有一定的理由，而不是让一方全权决定。另外在商业上，银行会希望对租金进行审查，在符合伊斯兰法的范围内进行反映银行各项支出的可变审查。由于伊斯兰教法不允许缴纳过期罚金，因此当客户逾期支付租金，可以要求将违约罚金的总额存入单独的账户中，所得收益转赠给慈善事业，银行不得受益于这些款项。

（2）银行的义务

在交易过程中，伊斯兰教法通常会强制要求银行持有财产的所有权，因此贷款人将设法尽可能减少随后产生的法律责任，而银行会通过租赁合同，将银行大部分风险转移给客户公司。但按照伊斯兰教法要求，银行还是受到一些风险因素的影响。按照伊斯兰教法，某些义务，如租赁中维护和修复财产的义务，始终由财产的所有人来承担。银行可能承担的风险除了维护义务，还可能包括清理环境污染的义务；因为财产不合格而被拒收后继续持有财产的风险；在融资资产导致死亡、损伤或者损失的情况下卷入有关诉讼的风险。

（3）银行账户

按照伊斯兰教法，在租赁期限内押金、租金和其他款项应使用独立账户，只写款项只能作为租金处理或者将其部分作为对购买价格的支付。

（4）租赁终止

如果客户公司违约，银行可对租赁合同终止，并对客户提出索赔要求，通常该条款需要独立于租赁条款，以符合伊斯兰教法的要求。

11.4.4.2　Sukuk 模式

伊斯兰银行发起设立的伊斯兰债券基金为典型模式。与传统债券不同，伊斯兰债券将伊斯兰金融契约予以证券化，并可依这些契约将伊斯兰债券分为租赁型、盈利分享型、股本参与型、预付货款型等。其中以租赁型（Ijara）伊斯兰债券最为盛行。其典型结构为卖方以固定价格出售船舶给特殊目标机构（SPV），SPV 发行面额等同于购买资产价格的伊斯兰债券给投资人以筹措资金，伊斯兰债券持有人则获取 SPV 资产的租赁收益，SPV 被指定为债券持有人的受托人及代理人，且持有受托资产。

11.4.4.3　Musharaka 模式

该模式为一种股本加费用模式，这种比较适用于多种资产融资。如客户希望向银行贷款购买一辆价值 5000 万元的船舶，银行会先和船厂完成一笔合约，以 5000 万元买下船舶，而客户再向银行以更高的价格（比如 6000 万元）购买这艘船舶，这 1000 万元差额便为银行的收益。

目前 Musharaka 模式主要适用于新造船舶融资，二手船的买卖则用 Ijara 模式，而 Sukuk 模式是否适合于伊斯兰法存在部分争议。一方面，由于伊斯兰律法禁止收付利息，因此使伊斯兰银行无法参与传统短期货币市场，从而导致在有限的资产投资机会下其账上常维持高额流动性，因此银行资金充足。另一方面，伊斯兰金融都是以实实在在的资产投资为基础的，或者是修铁路，或者是买机器，而并不是纯粹以赚取租金为目的。这些优势导致伊斯兰金融在全球范围内发展十分迅速，成为环球金融体系的重要一环。据估测，当前伊斯兰金融全球规模已达 1 万亿美元左右，且预计年增长在 15% 以上。目前在全球 70 多个国家有 250 只伊斯兰共同基金，300 多家伊斯兰金融机构掌控着 5500 亿美元的资产。

思考与练习

1. 希腊航运金融法律框架主要有哪些？
2. 希腊辅助法律框架有哪些？
3. 土耳其航运金融法律框架主要有哪些？
4. 土耳其辅助法律框架有哪些？
5. 什么是双重征税？
6. OECD 范本第八条规则主要包括哪些内容？
7. 伊斯兰金融以及主要禁止条款有哪些？
8. 伊斯兰金融工具在船舶融资的应用主要有哪些？
9. 土耳其和希腊航运金融法律框架有哪些区别？

参考文献

[1] 向玫. 金融工具在航运业的发展及应用 [D]. 上海：上海交通大学，2011.

[2] 张宇红. 航运金融租赁的估值与应用 [D]. 上海：上海交通大学，2012.

[3] 李尧，章雁. 上海航运金融业务及机构服务的风险识别与防范 [J]. 时代经贸，2021（3）.

[4] 奥勒提斯·席纳斯，卡斯滕·格劳，马克斯·约翰斯. 航运金融手册 [M]. 北京：中信出版社，2017.

[5] 北京华研中商信息研究院. 中国航运金融行业发展分析及投资前景深度调研报告 2014—2019 年 [R].

[6] 蔡娟娟. 上海航运金融服务业的发展现状及对策研究 [J]. 经济论坛，2014（11）.

[7] 陈峰. 关于中国航运保险市场发展的几点思考 [J]. 世界海运，2015，（01）.

[8] 陈继红，韩玲冰，张明香. 上海航运金融服务发展现状与对策 [J]. 水运管理，2012，34（9）.

[9] 陈蕾，王全安. 航运金融 [M]. 北京：经济科学出版社，2023（8）.

[10] 陈扬，王学锋，郑士源."航运金融"的研究边界及其重点命题探讨 [J]. 上海金融，2012（8）.

[11] 陈哲，高维新. 中国的海洋发展与金融发展路径研究 [J]. 经济师，2019（6）：43-46.

[12] 褚书地. 德国KG航运基金的兴衰及其启示 [J]. 海南金融，2013，（7）：29-32.

[13] 崔静，许福志. 金融发展、数字经济与海洋经济韧性 [J]. 海峡科学，2024（3）.

[14] 邓茗文，李一平. 青岛银行：发力"蓝色金融"，助力海洋经济高质量发展 [J]. 可持续发展经济导刊，2022（8）.

[15] 董建伟. 重压之下怎破局？马泽华代表以五大发展理念谈中国航运未来 [N]. 现代物流报，2016，(3).

[16] 董若兰. 广东自贸区南沙航运金融创新方案设计 [D]. 广州：华南理工大学，2017.

[17] 范晓君. 山东省金融生态环境运行效果的统计测度与评价 [D]. 济南：山东财经大学，2012.

[18] 方国庆. 国外基金船舶融资简析 [J]. 船舶经济贸易，2006（1）.

[19] 方玫. 广州航运金融生态环境评价 [D]. 广州：暨南大学，2017.

[20] 冯凯. 天津航运业与金融业协同发展分析 [D]. 天津：天津商业大学，2015.

[21] 甘爱平，曲林迟. 航运金融学 [M]. 上海：格致出版社. 2023.

[22] 甘爱平. 发展航运金融与国际航运中心金融生态软环境的优化 [J]. 经济研究导刊，2010（32）.

[23] 甘爱平. 航运金融助航运业驶过"惊涛骇浪"[J]. 中国远洋海运，2021（10）.

[24] 高爱，颖余静. 我国现代航运服务业亟需创新 [J]. 中国港口，2015（3）.

[25] 高辉. 大连商品期货价格协整关系与引导关系的实证研究 [J]. 太原理工大学学报（社会科学版），2003，21（1）.

[26] 官晓婷. 借力现代航运服务业助推建设海洋强国 [J]. 中国远洋航务，2015（1）.

[27] 关成颖. 福建自贸区金融创新问题与对策研究 [D]. 厦门：厦门大学，2017.

[28] 国内外海洋科技金融创新实践对江苏海洋经济高质量发展的启示 [J]. 费晶晶，肖侠，陶音琦. 产业创新研究，2024（1）.

[29] 何建钢. 发展航运金融服务促进航运中心建设 [J]. 重庆行政（公

共论坛)，2018 (4).

[30] 胡倩. 论我国航运金融的发展现状及国际经验借鉴 [J]. 现代商贸工业，2010 (12).

[31] 华仁海：现货价格和期货价格之间的动态关系：基于上海期货交易所的经验研究 [J]. 世界经济，2005 (8).

[32] 华夏，马树才，秦琳贵. 海洋经济中小企业信贷融资担保策略问题研究 [J]. 浙江金融，2018 (9).

[33] 黄登仕. 金融市场的标度理论 [J]. 管理科学学报，2000.

[34] 黄珊珊. 通往高地之路——南沙航运金融中心管窥 [J]. 珠江水运，2012，(22).

[35] 黄小彪. 关于广东省大力发展现代航运服务业的思考 [J]. 港口经济，2012 (1).

[36] 江清云. 德国 KG 基金在船舶融资中的作用及其对我国的借鉴意义 [J]. 德国研究，2013，(1)：65-72.

[37] 柯蓉，查正洪，王红扣. 国有航运企业的证券融资之路 [J]. 珠江水运，2000 (5).

[38] 李金晶. 大连航运金融生态环境评价研究 [D]. 大连海事大学，2020.

[39] 李伟，刘燕. "海洋强国"战略下交通类院校航运金融人才培养模式研究 [J]. 质量与市场，2021 (11).

[40] 李尧，章雁. 上海航运金融业务及机构服务的风险识别与防范 [J]. 时代经贸，2021 (3).

[41] 李章. "一带一路"背景下自贸区金融开放创新研究 [D]. 广州：中共广东省委党校，2018.

[42] 李振福. 航运金融：现状、趋势与发展策略 [J]. 中国船检，2018 (4).

[43] 林江. 航运金融法律概论 [M]. 上海：复旦大学出版社，2012.

[44] 刘继海，等. 绿色船舶的现状和发展趋势分析 [J]. 船舶工程，2016 (S2)：33-37.

[45] 刘维奇. 金融复杂性与中国金融效率 [M]. 北京，科技出版

社，2009.

[46] 刘晓雷，等. 现代航运服务业的内在机理与发展政策 [J]. 中国港口，2011（1）.

[47] 罗凯. 国外现代航运服务业发展经验及我国相关政策创新 [J]. 港口经济，2015（5）.

[48] 罗凯. 以航运中心和自贸区为载体推进现代航运服务业发展 [J]. 港口经济，2015（6）.

[49] 马聪聪，陈晓宇. 海洋经济韧性时空演化特征及数字金融对其影响研究 [J]. 中国渔业经济，2023（2）.

[50] 宁帆. 上海自贸区金融创新与经济增长研究 [D]. 太原：山西大学，2017.

[51] 平浩生. 构建港口现代航运与物流金融服务平台的思考 [J]. 大陆桥视野，2012（2）.

[52] 邱焱林. 武汉长江中游航运中心高端航运服务业发展研究 [J]. 港口经济，2017（6）.

[53] 商婷婷. 海洋经济发展的金融支持对策研究 [J]. 海峡科学，2019（1）：49-51.

[54] 邵朱浩. 航运金融风险评级模型研究 [D]. 舟山：浙江海洋大学，2023.

[55] 孙晓琳. 国内外航运金融发展现状的比较研究 [J]. 价值工程，2013：158.

[56] 唐宋元，蔡展鸿. 加快广州航运金融发展的思路与对策 [J]. 港口经济，2016，（4）.

[57] 陶慧敏. 上海航运产业与金融产业联动发展研究 [D]. 上海：上海社会科学院，2011.

[58] 陶伟. 南沙自贸区科技金融创新发展基地构建方案设计 [D]. 广州：广东财经大学，2016.

[59] 岳付玉. 天津市首家航运金融中心正式挂牌 [J]. 中国航务周刊，2023（8）.

[60] 田剑英，徐利民. 航运企业发展中的金融支持 [M]. 杭州：浙江大

学出版社．2012．

［61］王刚，于平，尤阳．银行业支持海洋经济：进展、挑战与"十四五"政策建议［J］．中国银行业，2020（11）．

［62］王海明．船舶保险理论与实务［M］．大连：大连海事大学出版社，2006．

［63］王慧敏．新趋势下航运金融破冰前行［J］．中国航务周刊，2023（7）．

［64］王静宜，裘泳铭．我国航运企业融资方式初探［J］．造船技术，1999（6）．

［65］王可达，王铮．科学理解"一带一路"倡议对广州的定位［J］．探求，2016，（1）．

［66］王垒，牛文正，丁黎黎．基于涉海上市公司交叉持股网络的区域海洋经济联动发展分析［J］．海洋经济，2022（1）．

［67］王琳雅，周东生．发展航运金融对航运中心建设的作用分析［J］．中国水运（下半月），2016（5）．

［68］王倩．中国航运金融发展与比较［D］．天津：天津大学，2017．

［69］王伟，陈梅雪．金融支持海洋产业发展的国际经验及启示［J］．浙江金融，2019（4）：23－28．

［70］魏巍．中小航运企业如何应对融资难［J］．中国水运，2007（1）．

［71］吴俊．航运业"新常态"下航运金融的发展策略——基于国际航运中心的视角［J］．产业创新研究，2019（2）．

［72］夏丽娜，余永琦．中国元素航运金融衍生品对航运市场的影响研究［J］．中国水运（下半月），2017（2）．

［73］谢蕾，许长新．伦敦航运金融业务和政策借鉴［J］．水运管理，2013，35（9）．

［74］胥苗苗．中国航运金融怎样当好引领者［J］．中国船检，2017（4）．

［75］徐乐灵，刘博．我国高端航运服务业发展现状及对策建议［J］．港口经济，2015，（10）．

［76］徐美芳，刘思弘．上海自贸区金融制度创新和溢出效应分析——以

航运保险为例 [J]. 浦东开发, 2016, (8): 28-31.

[77] 徐梦君. 广东自贸区贸易便利化制度研究 [D]. 广州: 广东财经大学, 2017.

[78] 徐诺金. 论我国的金融生态问题 [J]. 金融研究, 2005 (2).

[79] 徐萍, 罗凯. 借鉴境外现代航运服务业发展经验. 中国港口, 2015 (3).

[80] 徐胜, 张双, 唐佳婕. 绿色信贷对海洋经济转型的驱动效应研究 [J]. 中国渔业经济, 2021 (2).

[81] 徐爽, 等. 自贸区政策下船舶融资租赁服务发展对策研究 [J]. 港口经济, 2014, (8).

[82] 杨健, 洪捷超. 船舶融资租赁中的资产证券化模式分析 [J]. 大连海事大学学报 (社会科学版), 2013, (5).

[83] 杨素梅. 广州设立航运产业基金面临的困境及对策 [J]. 港口经济, 2015 (1): 23-25.

[84] 杨天姿, 周东生. 我国航运保险发展瓶颈与对策研究 [J]. 中国水运 (下半月), 2016 (3).

[85] 杨易, 俞薇. 船舶融资租赁应用分析——以广州航运中心建设为例 [J]. 经济研究导刊, 2016 (20).

[86] 杨懿. 上海航运保险业存在问题及对策 [J]. 水运管理, 2011 (6).

[87] 叶红玲. 加快三大航运中心建设服务长江经济带发展 [J]. 中国水运, 2018 (7).

[88] 应世昌. 新编海上保险学 [M]. 上海: 同济大学出版社, 2010 (11).

[89] 余庭峰. 深圳前海自贸区金融创新研究 [D]. 广州: 广东外语外贸大学, 2018.

[90] 张珺. 广州航运金融生态环境的评估及建议 [J]. 城市观察, 2018 (4).

[91] 张晓华. 青岛航运金融服务方案设计 [D]. 青岛: 中国海洋大学, 2013.

[92] 张兆玉. 上海自贸区金融创新问题研究 [D]. 哈尔滨：黑龙江大学，2018.

[93] 张宗成，王骏. 基于 VAR 模型的硬麦期货价格发现研究 [J]. 华中科技大学学报（自然科学版）2005，(7).

[94] 赵大英，郑天祥. 香港和广州航运金融合作研究 [J]. 当代港澳研究，2012，(02)：48-56.

[95] 赵巍，葛永磊. 金融发展与海洋经济高质量发展的耦合协调分析 [J]. 青岛科技大学学报（社会科学版），2020 (4).

[96] 赵志宏. 政府引导视角下国际经验对中国发展航运金融的启示 [J]. 当代金融家，2018 (6).

[97] 朱栗. 浅谈我国船舶融资租赁 [J]. 船舶经济贸易，2006 (4).

[98] 谢蕾，许长新. 伦敦航运金融业务和政策借鉴 [J]. 水运管理，2013，(9).

[99] 史燕平. 融资租赁原理与实务 [M]. 北京：对外经济贸易大学出版社，2005.